완벽한 보험

제대로 된 보험설계로 인생의 위험을 대비하라

완벽한 보험

초판 1쇄 인쇄 2022년 5월 31일
초판 1쇄 발행 2022년 6월 7일

지은이 최성진

발행인 백유미 조영석
발행처 (주)라온아시아
주소 서울특별시 서초구 효령로 34길 4, 프린스효령빌딩 5F

등록 2016년 7월 5일 제 2016-000141호
전화 070-7600-8230   **팩스** 070-4754-2473

값 17,000원
ISBN 979-11-92072-57-9 (03320)

라온북은 독자 여러분의 소중한 원고를 기다리고 있습니다. (raonbook@raonasia.co.kr)

완벽한 보험

최성진 **지음**

RAON
BOOK

우리는 지금 예측 불허의 환경에서 살아가고 있다. 코로나19 팬데믹을 겪은 이후 앞으로도 이와 같은 상황이 생기지 않을 것이라고 확신하는 사람은 많지 않을 것이다. 그중에서 가장 중요한 '건강'은 개인의 노력만으로 지켜내기 어렵다. 의식주 모두 외부 환경과 밀접한 관련이 있기 때문이다.

보험을 유치원 수준으로만 알고 있다면 나의 미래 역시 그만큼만 보호받을 수 있다. 그렇다고 무조건 많은 보험료를 납입하는 것만이 정답은 아니다. 적어도 보험의 중요도와 가치를 제대로 알고 있어야 한다.

보험에 가입한 계약자와 보험 대상자인 피보험자는 매달 꼬박꼬박 내는 보험료에 따른 보장 내용과 보험이 어떤 영역만큼 책임지는지를 알 권리가 있다.

하루에 삼시 세끼를 먹는 우리의 식단에도 주메뉴가 있다. 마찬가지로 보험에도 주축이 되는 핵심이 있고 곁들이는 소소한 반찬

들처럼 부족한 부분을 보강하는 여러 특약이 존재한다. 한마디로 우리 몸에 영양분을 주는 것과 같은 이치다.

보험은 우리 삶에 깊숙이 자리 잡고 있지만, 여전히 '보험은 이해하기 어렵다'라는 생각에 지인을 통해 소개받은 설계사를 믿고 가입하는 경우가 많다. 이처럼 제대로 관심을 두지 않는 보험의 민낯을 생생하게 알리기 위해 1부에서는 개인보험의 현실과 문제점을 다루었다.

평범한 직장인에서 법인사업자가 되는 것이 더 이상 낯설지 않은 일이다. SNS 채널과 마케팅만으로 사업자가 될 수도 있다. 평범한 사무직에서 어느 날 경영자가 된 회사 대표는 개인보험과 법인보험 어느 쪽을 선택해야 할까? 2부에서는 법인사업자의 현실적인 보험 이야기를 통해 사업만큼 중요한 법인보험에 대해 알아본다.

지인을 통해 보험에 가입한 고객, 시간이 지날수록 보험료가 아깝다고만 생각하는 고객, 실손의료보험 하나만 있으면 되지 않을까 고민하는 고객, 잦은 해지로 보험을 잘 유지하지 못하는 고객이라면 개인보험에 대한 정확한 인식과 정보가 필요하다. 아울러 사업장을 위한 보험에는 별 관심 없는 대표, 안전이나 법 개정에 대한 정보가 없는 사업주, 오로지 사업에만 관심 있는 법인 대표들을 위해 대표와 근로자 모두를 위한 보험 정보를 담았다.

자동차 구입, 내 집 마련, 학자금 등 지출에는 명확한 목표가 있기 마련이다. 개인과 법인이 매달 꼬박꼬박 내는 보험료에도 목적이 있어야 한다. 처음부터 제대로 된 보험에 가입했다면 보험료가 아깝지 않을 것이다.

머리를 갸우뚱하면서 보험이 숙제가 되는 일은 없어야 한다. 보험은 솔루션이다. 그리고 비빌 언덕이 되어줄 수 있다. 이 책을 통해 보험의 본질과 의미를 제대로 이해하고 미래를 대비할 수 있다면 내가 준비한 '선물'을 제대로 받은 것이다.

인생 관리비 영역에서 가장 큰 부분을 담당할 보험! 당신의 보험증권이 완벽해지는 그날까지, 지금부터 '나에게 완벽한 보험'을 알아가보자.

최성진

1부 개인보험

1장

내가 든 보험이 엉뚱한 보험이라고요?

4장

내 삶을 지켜주는 설계사를 찾아라

5장

보험 플랜 세우기

2부 법인보험

1부

개인보험

내가 든 보험이
엉뚱한 보험이라고요?

승용차 한 대 값을 냈는데
병원비 50만 원을 받을 수 없다고?

나와 가족의 불투명한 미래를 지켜주는 보험

보험료를 얼마 냈고, 보험을 이렇게나 많이 가입했는데, 이럴 때 도움받으려고 가입하는 건데, 이건 보험사기 아니냐는 말은 보험업계에서 오래 일해온 나에게 결코 낯설지 않다.

보험을 가입할 때는 대개 보험설계사를 믿고 맡긴다. 그런데 치질수술을 했는데 보장이 안 된다, 제왕절개수술을 했는데 보장이 안 된다며 보험설계사를 원망한다. 고객의 입장을 이해 못 하는 것은 아니지만 그렇다고 설계사가 잘못했는지 여부는 이미 지나간 일이라 알 수 없다. 결국 가입하기 전에 꼼꼼히 알아봐야 보험 가입 목적을 제대로 달성할 수 있다.

오랜 시간 보험을 유지하면서 매달 납입하는 5만 원, 10만 원의 보험료가 20년, 30년이 되면 얼마가 될지 계산해보는 사람들은 많지 않다. 중형차 한 대를 살 정도의 보험료를 납입하고 있는데도 대장용종을 제거하면서 지출한 병원비 50만 원을 받지 못한다면 고객은 황당할 뿐이다.

그렇다면 지금껏 유지해온 보험이 뭘 보장해준다는 말인가?

70대 어르신이 전화상으로 가입한 보험은 무려 10건으로 보험료는 모두 합해 30만 원이었다. 어느 날 그분이 심장질환으로 갑작스럽게 수술을 받았다. 병원비로 지출한 150만 원을 보험회사에 청구했는데 통장에 입금된 보험금은 고작 20만 원이었다. 무려 10건이나 들었는데 그중에 국민보험이라고 할 수 있는 실손의료보험이 없었다. 그 많은 보험을 가입시킨 설계사들 중 누구도 그분에게 실손의료보험을 권유하지 않은 것이다. 왜일까? 설계사에게 돈이 안 되기 때문이다.

우리는 어떤 보험을 가입하고 있는지 알아야 한다. 나와 가족이 가입한 보험이 과연 불투명한 미래로부터 우리를 지켜줄 수 있는지 점검해봐야 한다.

분명 이 정도면 충분하다고 들었다. 설계사는 더 이상 보험을 가입할 필요 없다고 했는데, 사실상 엉뚱한 보험료가 매달 꼬박꼬박 빠져나가고 있었던 것이다. 오랫동안 보험을 해지하지 않고 유지해온 고객은 망치로 얻어맞는 기분이라고 말한다.

점점 더 보험이 필요한 것은 분명하다. 그런 이유로 보험은 선택이 아닌 필수가 되었다. 이제 우리에게 코로나19는 1회성 질병이라고 할 수 없다. 재발을 안심할 수 없고, 후유증을 염려하지 않을 수 없다. 정부에서 지원하는 병원치료비에 한계가 왔을 때 나에게 전가될 치료비는 보험으로 충당해야 한다.

원인 모를 질병들이 많아졌다. '상세불명'이라는 진단명이 늘어나고 있다. 환경적인 요인을 비롯해 전 세계적으로 유행하는 감염성 질병이 이제는 영화 속 이야기가 아니다.

태아보험이 필요하지 않다고 생각한 임산부가 출산 후 아이의 선천적 장애를 알게 되었을 때 느끼는 절망감은 아이의 미래만은 아닐 것이다. 지속적인 치료를 해야 하는 아이에게 들어가는 치료비는 고스란히 채무로 쌓일 수 있다.

주변에서 그런 일들을 겪는 모습을 보면 고객들은 스스로 보험을 찾는다. 문제는 그저 아는 지인이나 친구의 소개를 믿고 가입한다는 발상이 아직도 만연해 있다는 것이다. 설계사만 믿고 대충 가입할 뿐 보장 내용을 제대로 들여다보지 않는다.

"저는 보험료가 부담되니까 최대한 싼 걸로 알아봐주세요. 보장은 많이 되고 보험료는 저렴한 걸로 해주세요"라고 말하는 이들이 많은데, 세상에 그런 보험은 없다. 그런데도 이런 말만 하며 본인의 보험을 설계사에게 맡기고 매달 보험료를 납입한다? 그것은 주인이 관리하지 않는 보험이나 마찬가지다.

분명 모든 질병에 대한 수술비를 보장받을 수 있다고 들었는데, 요실금도 안 된다, 치질 수술도 안 된다고 한다. 설계사가 휴대전화를 받지 않아 지점을 통해 어렵게 연결되었는데, 설계사는 가입 당시에 보장에서 제외되는 질병을 분명 설명했다고 주장한다.

지금까지 보험료를 왜 낸 건지 모르겠다는 생각이 든다. 매달 정기적으로 적지 않은 돈이 빠져나가는데도 갑자기 병원비로 목돈이 나갈 때를 대비해 오랜 세월 꾸준히 보험을 유지했다.

그렇게 중형차를 살 만큼의 보험료가 5인 가족이라면 모두 얼마나 되겠는가? 그런데도 우리가 관심 갖지 않는다면 허투루 돈을 쓰고 있는 것이다. 똑똑한 보험과 엉뚱한 보험의 차이는 고객이 관심을 갖는 보험과 그렇지 않은 보험이다.

예를 들어 자녀가 초등학생인 사람은 사망보험금이 필요하다. 가장의 조기사망은 어린 자녀와 가족들에게 경제적인 영향을 크게 미치기 때문이다. 이 경우 종신보험을 가입하려면 보험료가 너무 부담된다. 종신이라는 말에서 알 수 있듯이 사망에 대한 만기가 없고, 단 한 번의 보험료 납입으로도 작게는 5,000만 원, 크게는 몇억 원 이상의 보험금을 받을 수 있기 때문에 비싸다.

그런데 자녀가 성인이 될 무렵이면 사망보험금은 필요하지 않다. 돈을 벌 수 있을 정도의 나이는 대략 20~25세 이후부터다. 그래서 향후 10년 또는 15년 정도만 가장의 사망보험금을 고려한다.

이 경우는 정기보험으로 가입하면 훨씬 보험료를 줄일 수 있다. 정해진 기간만 보장하기 때문에 10년, 20년으로 합리적인 보험기간을 통해 보험료가 측정된다. 그런데 정기보험은 중간에 해지해도 해지환급금이 없다. 설계사는 본인의 영업에 더 도움이 되는 종신보험을 권유한다. 나중에 해지했을 때 해지환급금도 많다는 말에 솔깃해서 보험료가 부담돼도 종신보험에 가입하는 것이다.

나의 경제 상황과 상품의 특징을 정확히 결합한 보험이 아니면 유지하지 못할 가능성이 크다. 보험료가 부담되고 엉뚱한 보험에 가입했다는 생각이 들수록 머릿속이 복잡해진다. '처음부터 제대로 알고 가입할걸' 하고 뒤늦게 후회해보지만 소용없다. 더 이상 보험료를 지출하기 힘들어서 결국 사망보험금도 해지한다.

또 다른 사례를 보면, 적금인 줄 알고 회사에서 단체로 가입했던 것이 나중에 알고 보니 종신보험이었다. 사망보험금 500만 원을 10만 원에 보장받는 것이었다. 자세히 알아보니 추가납입을 처음부터 했으면 10년이 지나 해지환급금이 많아질 수 있다고 한다. 추가납입은 사업비가 거의 빠지지 않기 때문에 고객에게 이득을 줄 수 있다. 10만 원의 보험료를 납입하면 10만 원의 배수인 10만 원을 추가로 납입해야 고객에게는 사업비가 덜 빠지는 구조다. 결론적으로는 20만 원을 납입했을 때 적립 혜택을 받을 수 있다. 그런데 이 사실을 5년이 지나서야 알게 되었다. 추가납입을 해야 이득이 된다는 것을 알았다면 처음부터 가입하지 않았을 것이다.

갑자기 건강에 적신호가 생겼을 때 제대로 도움받으려면 보험을 처음 가입할 때 꼼꼼히 따져봐야 한다. 보험료도 중요하지만 보장 순서를 잘 정해야 한다. 골절 진단 시 20만 원을 받는 보험에 목숨 걸 수는 없다. 암 진단금 1억 원을 받는 보험이 더 중요하다. 이런 기본적인 내용들을 알아야 도움이 될 수 있다.

종신보험이나 CI보험만 있으면
더 이상 보장은 필요 없다?

TV 보험방송에서 언급하는 보험 리모델링에서 가장 많이 나오는 보험의 대명사는 종신보험과 CI보험이다. 1세대 종신보험은 정말 순수 사망보험금만을 의미했다. 남겨질 자녀들과 배우자를 생각해서 꼭 사망보험금은 준비해야 한다는 감성 멘트가 고객의 마음을 흔들어놓는다.

우리나라 보험 역사의 시작은 생명보험이다. 대표적인 상품 역시 종신보험으로 정말 많은 고객들이 가입했다. 하지만 80세, 100세 그 이상이 되어도 보장 만기 제한 없이 언제든지 사망하면 무조건 보험금을 탈 수 있다는 이유로 보험료 역시 비싼 상품이 종신보험이다.

이런 상황을 타개하고자 보험회사가 출시한 다음 버전이 바로

2세대 종신보험이다. 죽어서만 보장받는 보험에 많은 보험료를 낼 수 없다는 고객들의 생각을 겨냥해 CI와 종신보험을 결합한 상품이라고 할 수 있다.

보험금을 받을 수도 있고 못 받을 수도 있다?

2세대 종신보험은 사망 시뿐 아니라 살아서도 보장받을 수 있다. 하지만 여기서 중대한 질병일 때 보험금을 받을 수 있다는 말을 제대로 인지시켜주는 보험설계사는 거의 없다. 살아서 받는 경우라면 중대한 암, 중대한 뇌졸중, 중대한 급성심근경색증 등의 '중대한'이라는 문구가 의사의 진단서에 반드시 씌어 있어야 보험금이 지급된다.

위암, 폐암, 간암, 전립선암, 유방암 등과 같은 진단명은 병원 주치의의 최종 소견으로 진단서에 적힌다. 하지만 중대한 위암, 중대한 폐암, 중대한 간암 등으로 씌어지는 경우는 흔하지 않다.

암은 중대한 질병인데 왜 '중대한'이라는 문구를 안 넣는 것일까? 중대한의 기준을 정하기 모호하기 때문이다. 암은 1기, 2기, 3기, 4기 등 기수가 표시된다. 어떤 기수부터 '중대한'을 입증할 수 있겠는가? 의사마다, 병원마다 소견이 다르고 불명확하다.

그런데 중대한 뇌졸중, 중대한 급성심근경색증은 명확하게 장해를 퍼센트로 남겨야 한다고 명시되어 있다. 보험업에 종사하는 사람이 보기에도 이해되지 않는 부분이다. 암은 의사의 진단명에 의존해야 하고, 뇌와 심장 관련 질환은 장해를 퍼센트로 수치화해야 한다. 그렇기 때문에 일반 사람들은 보험을 어려워할 수밖에 없다.

암 진단금 1억 원, 8,000만 원, 5,000만 원 등 보장받는 보험금은 가입할 때 정하는 것이다. CI보험처럼 진단명에 따라 보험금을 받을 수도 있고 받지 못할 수도 있다면 가입할 필요 없다. 그러다 3세대 종신보험이 나왔지만 비슷한 시기에 손해보험사들의 보상 범위에 충실한 저렴한 상품들이 출시되면서 생명보험사들의 종신보험과 CI보험은 더 이상 이점을 잃고 말았다.

실제로 많은 고객들의 증권에서 종신보험과 CI보험을 만날 수 있다. 가입 당시 보험설계사들에게 가장 많이 들었던 얘기가 이 보험 하나만 있으면 다른 보험은 없어도 된다는 것이었다고 한다. 그런데 막상 진단서에 적힌 '위암'이라는 진단명 때문에 보험금을 받지 못했고, 뇌출혈로 수술을 받고도 보험금을 받지 못했다. 중대한 위암이 아니었고, 25% 이상의 장해를 남기지 못했기 때문이라고 한다.

CI종신보험의 정확한 보장은 오로지 사망일 것이다. 여러 가지 특약을 나열해서 풍성하게 보이는 문구 역시 CI 특약인 경우가 많다. 고객을 위한다고 갱신형 특약으로 이것저것 붙여보지만 그나마 시간이 갈수록 보험료가 계속 올라간다. 하지만 오랜 시간 유지해온 CI보험을 무조건 해지할 수만은 없다. 어린 자녀가 있는 경우와 고객의 건강 상태에 따라 사망보험금으로 대비할 수도 있기 때문이다.

종신보험과 CI보험으로 모든 보장을 충당할 수는 없다

또 하나는 중대한 암으로 진단금을 수령하는 비율이 과거보다 높아졌다는 것이다. CI보험이 분쟁의 소지가 많고 민원도 많기 때문이었다.

보험은 단점과 장점이 반드시 공존하기 마련이다. 상품의 구조가 완벽한 보험은 보험회사의 손실률을 악화하고, 반대라면 고객의 원망이 커질 것이다.

보험을 고객에게 설명하는 보험설계사의 역할도 중요하지만 자신이 가입하는 보험의 보장 내용에 관심을 가지는 고객의 자세도 중요하다. 종신보험과 CI보험으로 모든 것을 보장받을 수 있다는 생각에서 벗어나려면 상품의 구조를 반드시 이해해야 한다.

보험은 그냥
권해주는 대로 든다?

"최대한 보험료 싼 걸로 부탁드려요"

컨디션이 유난히 좋지 않은 날, 출근하지 않고 집에서 쉬고 싶은 생각이 간절하다. 하지만 직장인은 자유롭지 못하다. 상사의 눈치를 보며 점심시간을 기다린다. 속이 더부룩하고 소화가 되지 않는 것 같아 점심을 거르고 병원을 갔다. 위내시경을 해보자는 의사 선생님의 말에 예약하고 월차를 냈다.

위내시경 후 의사 선생님의 무거운 표정에 긴장된다. 악성일 경우 모양이 이렇게 생겼다며 모니터를 보여주며 설명한다. 그로부터 일주일 후 역시나 결과는 위암 2기였다.

머릿속이 하얘지고 어지러웠지만 그 순간 보험이 떠올랐다. 친구의 소개로 3년 전 가입해둔 보험이 생각났지만 평소 보험설계사와 연락한 적이 없어서 전화하기가 불편했다. 친구에게 소식을 전해달라고 부탁하자 30분 후 보험설계사에게 전화가 왔다.

"제가 예전에 설계사님이 추천해주신 보험을 들었잖아요. 암이면 얼마나 나오나요?"라고 물었다. 보험설계사는 확인해보고 연락하겠다고 했다. 기다리는 10분이 너무 길게 느껴졌다. 다시 전화를 한 보험설계사는 "고객님 암 진단금은 3,000만 원이시네요"라고 알려주었다. 전화를 끊고 뭔가 이상하다는 생각이 들었다. 분명 가입할 때 암은 5,000만 원이라고 들었던 기억이 났다.

병원에서 발급해준 진단서를 가지고 설계사를 만났다. "설계사님이 암은 분명히 5,000만 원이라고 그러셨거든요." 확신에 차서 물었다. "아니에요, 고객님. 분명히 3,000만 원이라고 말씀드렸는데 혹시 착각하신 거 아닐까요?" 오히려 내가 착각했다고 한다. 그러고는 "고액암으로 진단받으면 5,000만 원이라는 얘기를 잘못 생각하신 거 같아요. 고객님은 일반암이라서요"라고 말한다. 살짝 웃음기까지 느껴지는 보험설계사가 그렇게 얄미울 수 없다.

"고객님이 보험 가입하실 때 보험료 싸게 해달라고 말씀하셔서 거기에 맞춰 설계했다고 분명히 말씀드렸거든요." 설계사의 말 속에 모든 것이 들어 있다. 보험료를 의식해서 무조건 저렴하게 해달라고 했던 것도 같다. 하지만 고객이 보험 용어를 한두 번 듣고 이해하기는 너무 어렵다. 그냥 암이면 무조건 5,000만 원이라고 들었던 것 같은데 이제 와서 3,000만 원이라고 하니 뒤통수를 맞은 기분이다.

일반암, 고액암, 소액암, 유사암, 뭐가 그렇게 복잡한 건지 모르 겠다. 설계사가 알아서 잘 가입해줄 거라고 기대했다. 친구가 소 개해준 사람이라 그냥 믿고 맡겼는데 이제 와서 친구를 원망할 수 도 없고, 설계사의 말에 반박할 수도 없다.

회사에 휴직계를 요청했지만 사직계를 쓰라는 압박을 받았다. 위암 치료를 위해 퇴사할 수밖에 없다. 암보험 3,000만 원이 통장 에 입금되었지만 위로가 되지 않았다. 매달 고정비용이 나갈 텐데 치료는 이제 막 시작이다.

보통의 경우는 완치까지 5년이 걸린다고 한다. 입원해서 수술 과 퇴원까지 5일이 걸린다. 항암치료의 종류는 너무 많다. 통원해 도 되는 상황이라 실손의료보험에서는 고작 23만 원의 통원비만 보장받는다. 부작용이 적거나 거의 없는 항암치료는 1회당 몇백 만 원부터 몇천만 원에 이르기까지 다양하다. 1세대 화학항암치료 는 고통스럽고 부작용도 많은 데다 사망률도 높았다. 지금은 표적 항암치료처럼 암세포의 특정 인자를 집중적으로 공격하기 때문에 통원으로 충분히 치료받을 수 있다.

문제는 비용이다. 실손의료보험의 1회 통원비 23만 원으로는 감당할 수 없다. 특히 신체 면역기능을 강화하고 부작용이나 합병 증을 줄이며 암세포를 이겨내는 면역항암제치료는 10회, 20회만 받아도 회당 300~400만 원부터 1,000만~2,000만 원에 이른다. 병 원의 비급여 항목은 건강보험도 전혀 적용되지 않거나 적은 경우 가 많다. 결국 이 고객은 수술과 일반적인 항암치료를 선택했다.

저렴한 치료는 내가 고통스러울 뿐이다. 현실에서 겪는 중대질병은 비단 암뿐만이 아니다. 머리로 오는 뇌혈관질환, 가슴으로 오는 허혈성심장질환, 원인 모를 희귀병과 밝혀내지 못하는 상세불명의 질병들이 너무 많다. 분명 암보험을 가입했지만 실제 치료비에는 턱없이 부족한 돈이라는 사실을 고객은 직접 겪고 나서야 알게 된다.

"들어도 모르니까 알아서 해주세요"

블로그, 유튜브, SNS, 소개 등의 여러 경로로 고객에게 보험 관련 연락을 받는다. 내 경우는 스스로 필요해서 연락하는 고객보다 소개받는 경우가 더 많은 편이다.

"제가 어릴 때 엄마가 가입해둔 보험인데 결혼하고 나니까 이제 저한테 보험료를 내라고 하세요. 그런데 보험료가 너무 많은 거 같아요." 보험료를 줄이고 싶다는 얘기다.

"주변에서 보험이 하나도 없는 저한테 자꾸 보험을 들라고 해서 소개로 전화드렸어요." 본인 의지 없이 등 떠밀려 전화한 경우다.

보험료를 줄이려고 보험 리모델링을 요청한 고객, 보험이 없어 새로 가입하려는 고객 등 자발적이지 않은 경우가 대부분이다. 그래서인지 보험에 대해 잘 모르니 자세히 알려달라는 요청보다 그냥 알아서 좋은 걸로 가입해달라고 하는 사람들이 더 많다.

하지만 이런 경우 내 입장에서는 대략 난감이다. 추후 미래에 어떤 상황에서 보험을 활용하게 될지 모르는데 기준 없이 임의로 권유하는 것은 고객 맞춤이라고 볼 수 없다.

보험을 가입하려고 마음먹게 된 계기, 이미 가입해둔 보험을 다시 손보고자 하는 이유, 현재 고객의 경제적인 상황과 건강 등 여러 가지 나눠야 할 이야기들이 많은데 "그냥 알아서 해주세요"라고 말할 때가 가장 어렵다. 고객의 상황에 맞춰 추후 탈 수 있는 보험의 주체가 무엇이냐에 따라 보험회사의 여러 상품을 비교해봐야 하는데, 자칫 등이 가려운 고객에게 팔을 긁어주는 꼴이 될 수도 있다.

유난히 암에 대한 가족력이 많거나 본인의 건강에 문제가 있는 경우라면 암 진단금, 암 수술비, 암 통원비, 암 입원비 등 세세하게 설계해볼 수 있다. 반대로 가족력도 없고 건강상 문제가 없는 경우라면 암 진단금 정도만 설계해서 보험료를 줄일 수 있다.

고객에 대한 정확한 정보는 곧 설계에 반영된다. "5만 원에 해주세요", "10만 원에 해주세요" 하는 식으로 보험료만 전달하는 것은 "보험에 관심없는데 안 들 수는 없고 그냥 알아서 해주세요"라는 말과 같다. 설계사 입장에서는 굳이 여러 보험회사를 비교해서 꼼꼼하게 설계해줄 필요 없이 대충 고객이 요청하는 보험료에 맞춰 설계하고 설명한 뒤 서명만 받으면 끝난다.

그러다 어느 날 문득 보험이 어떻게 가입되었는지 잘 몰라서 다른 설계사를 통해 보험 리모델링을 의뢰한다. 다른 설계사는 신규 계약이 중요하기 때문에 기존 보험 내용에는 관심이 없다. 고객에게는 기존 보험의 단점만 실컷 얘기하고, 고객은 홧김에 보험을 해지하고 만다. 그리고 또다시 처음부터 5만 원, 10만 원이라고 보험료만 얘기하고 정말 좋은 상품으로 해달라고 설계사에게 당부한다.

장기간 유지해야 하는 보험은 가입할 때 제대로 이해해야 한다. 수술비와 진단비가 다 보장되는 종합보험이라고 해서 가입했는데 나중에 알고 보니 특정 수술비, 특정 진단비만 보장된다면 제대로 된 보험이라고 할 수 있을까?

제대로 탈 수 없는 보험료에 꼬박꼬박 보험료를 납입했다는 사실을 알게 되었을 때는 이미 늦다. 제대로 된 보험 가입에는 항상 제대로 된 상담이 필요하다. 보험이 어렵다는 생각에 갇혀 무조건 설계사에게 미뤄둔다면 보장도 제대로 되지 않는 엉뚱한 보험을 가입하고도 누구도 원망할 수 없다.

보험료에도
주인공이 있다

주인공 없는 보험이라면?

설계사를 만나야만 보험을 가입할 수 있다는 인식이 언제부터인가 바뀌고 있다. 오히려 설계사를 믿지 못해 스스로 보험을 알아보고 가입하는 고객들이 늘고 있다. 그런 시류를 타고 홈쇼핑에서 보험을 판매하는 횟수도 많아졌다. 고객이 직접 저렴하고 싼 보험료를 찾아 웹서핑을 하듯 보험 쇼핑을 하는 세상이다.

어느 날 보험 리모델링을 의뢰한 고객의 증권을 보고 깜짝 놀랐다. 9개의 보험이 모두 돈이 아깝다고 해도 과언이 아니었다. 대면으로 설계사를 만나 계약한 건수는 3건, 나머지 6건은 홈쇼핑과 전화로 가입한 보험이었다. 그런데 처음 3건의 계약이 모두 담당 설계사가 달랐다. 설계사들의 잦은 퇴사와 영업 권유에 화가 났고 더 이상은 설계사를 믿을 수 없다는 생각에 이후부터는 본인이 홈쇼핑이나 텔레마케팅을 통해 가입했다고 한다.

보험료는 모두 3~4만 원대였지만 9건 모두 보험의 구성이 문제였다. 치아보험은 2건이나 가입되어 있었지만 현재 치아 상태는 이상이 없다고 했다. 언제 필요할지도 모를 보험에 6만 원을 납입하고 있었던 것이다. 수술비를 보장받는다고 가입한 보험은 일반적인 수술비 전부를 보장받지 못하고 특정 수술비만 특약으로 설계되어 있었다. 입원비 보험은 첫날부터 보장해주는 것이 아니라 3일 초과 4일째부터 입원비가 나오는 형태였다. 최소 4일은 입원해야 보험금을 받을 수 있고, 그나마 하루에 1만 원이 고작인데, 보험료는 3만 원이 넘었다. 특정 성인병질병 입원일당, 식중독 입원일당, 뇌출혈 입원일당 등 보장 내용은 많아 보이지만 실손의료보험으로 충당되는 내용들을 고작 1~2만 원 정도 받으려고 가입된 비효율적인 보험이었다.

보험증권을 보면 보험료가 낭비되고 있다는 것을 알 수 있다. 고객은 보험에 의지하면서 적지 않은 보험료를 납입하고 있다. 그런데 막상 보험금을 받을 일이 생겼을 때 턱없이 적은 액수를 받거나 아예 받을 수 없다면 너무 허망할 수밖에 없다.

고객에게 3~4만 원대 보험료로 여러 건을 가입한 이유를 물었다. 부담스럽지 않은 금액대인 데다 주변에서 병원을 가는 상황들을 많이 봤기에 보험을 가입했다는 것이었다.

보험을 가입할 때 싼 보험료를 1순위로 고려하는 것은 위험한

| 보장 내용 |

보장명	보장상세	가입금액	납기/만기
교통재해 사망보험금	교통재해를 직접적인 원인으로 사망하였을 때	3,000만 원	20년/80세
일반재해 사망보험금	일반재해를 직접적인 원인으로 사망하였을 때	2,000만 원	20년/80세
일반사망보험금	재해 이외의 원인으로 사망하였을 때	1,000만 원	20년/80세
골절치료자금	재해로 인하여 골절 상태가 되었을 때(사고 1회당)	20만 원	20년/80세
2대질병 치료보험금	뇌출혈 또는 급성심근경색증	500만 원	20년/80세
2대질병 입원특약	2대 질병으로 진단이 확정되고 그 치료를 직접 목적으로 입원하였을 때(뇌출혈, 급성 심근경색증)	3만 원	20년/80세
입원수술특약	질병 또는 재해로 인하여 그 치료를 직접 목적으로 입원하였을 때(3일 초과 입원일수 1일당, 120일 한도)	1만 원	20년/80세
장기입원특약	질병 또는 재해로 인하여 그 치료를 직접 목 적으로 31일 이상 입원하였을 때(30일 초과 입원일수 1일당, 90일 한도)	1만 원	20년/80세
질병의료 보장특약	성인특정질환으로 진단 확정 후 4일 이상 입 원 시(3일 초과 입원일수 1일당, 120일 한도)	3만 원	20년/80세
화상진단비	일반상해로 심재성 2도 이상의 화상으로 진단 확정 시(동일한 사고로 인하여 2가지 이상의 화상 상태인 경우에도 1회에 한하 여 화상진단비를 지급)	30만 원	20년/80세
화상수술비	일반상해로 심재성 2도 이상의 화상을 입고 그 치료를 직접적인 목적으로 수술 시(수술 1회당, 하나의 사고로 두 종류 이상의 화상 수술을 받은 경우에는 하나의 화상수술비만 지급)	30만 원	20년/80세
		보험료 합계	36,800원

생각이다. 예를 들어 암보험이 비싼 이유는 암 진단율이 높기 때문
이다. 과거부터 현재까지 암 진단율은 꾸준히 상승하고 있다. 암
의 종류 역시 신종암을 비롯해 지속적으로 늘어나고 있다. 그런데

인터넷이나 홈쇼핑 등을 통해 저렴한 보험료를 가입하면 암 범위를 차등해서 보험금을 지급한다거나, 진단금이 턱없이 적은 경우가 많다. 저렴한 보험료에는 이유가 있다는 얘기다.

보험에도 주인공이 있기 마련이다. 암보험을 가입했다고 가정해보면 암으로 진단 시 받는 진단금, 암으로 입원했을 때 받는 입원비, 암으로 수술했을 때 받는 수술비, 항암약물치료비, 방사선치료비 등 담보 내용들도 여러 가지 있다. 그중 가장 중요한 담보는 바로 암 진단금이다. 진단금은 의사의 진단만 있으면 무조건 받을 수 있다. 하지만 암 수술비는 반드시 수술해야 하고, 암 입원비는 반드시 입원해야 한다.

치료에 관련된 방법은 사람마다 다를 수 있다. 수술 없이 항암치료만 하는 경우, 수술은 했지만 방사선 치료는 하지 않을 수도 있다. 수술과 입원만으로 치료가 종결되는 경우도 있다. 70대 여성 고객의 경우는 수술이나 입원치료 없이 추적 관찰만 하면서 주기적인 검사만 받는다. 암 사이즈가 커지지 않거나 전이 소견이 보이지 않는다면 굳이 수술하지 않는 경우도 있다.

이렇듯 치료 방법은 다르기 때문에 다른 단서조항 없이 최종 의사의 진단서만 첨부하면 받을 수 있는 암 진단금이 가장 우선순위가 높은 주인공이 된다. 그런 순서를 정하고 가입을 해야만 제대로 보장받을 수 있다. 그런데도 암 진단금은 적어도 좋지만 수술비, 방사선치료비, 입원일당은 꼭 있었으면 좋겠다고 말하는 고객도 있다. 하지만 우선순위는 진단금이라는 사실을 꼭 기억해야 한다.

많은 고객들과 상담하다 보면 보험에 대한 생각이 천차만별이다. 보험료를 우선으로 두는 고객, 보장 내용을 우선으로 두는 고객, 무조건 특약이 많을수록 좋다고 생각하는 고객도 있다. 어느 것이 맞다, 틀리다고 단정할 수는 없지만 보험의 우선순위는 정해져 있다.

최근에 블로그를 보고 연락한 30대 여성 고객이 보험 리모델링을 요청했다. 기존의 보험은 보험료는 크지 않았지만 구성이 문제였다. 특히 30대 여성 고객과 남편 모두 혈관질환 가족력이 있는데, 그 부분에 대한 보장들이 빠져 있었다. 고객의 보험료는 9만 원이었다. 기존 보험료를 벗어나지 않는 한도에서 보장 구성만 바꾸는 것이 보험 리모델링에서 가장 중요한 원칙이다. 기존 보험에서 불필요한 부분인 사망보험금, 입원일당을 없애고 누락되었던 뇌혈관, 허혈성 진단금과 부족한 암 진단금을 추가하면 된다.

여러 보험상품을 비교해서 적정 수준의 보험료와 보장을 찾아냈는데 문제는 남편의 반대였다. 보험료에 비해 보장 내용이 너무 간단하다는 것이었다. 정말 중요한 암보장이 추가되고, 기존에 아예 없었던 뇌와 심장 질환에 대한 진단금이 포함되었는데도 말이다. 기존 보험처럼 입원일당도 1만 원, 골절진단금도 10만 원, 상해사망도 2,000만 원, 깁스치료비도 10만 원 등 특약이 많을수록 좋은 보험이라고 생각하는 것이다.

말하자면 주객이 전도된 것이다. 뇌와 심장질환에 대한 보험이라면 진단금이 중요한데 입원일당, 상해사망, 특정수술비까지 들어가야 한다면 주인공이 없는 보험이다. 그런데 이런 얘기를 하는 고객이 적지 않다. 일례로 운전자보험은 20년 납 80세 만기, 100세 만기로 가입하는 사람들이 많은데 「교통사고처리특례법」이 개정되면 보험 한도와 범위도 달라진다. 민식이법의 경우 스쿨존 사고로 인한 벌금이 정해져 보험회사는 운전자보험에 스쿨존 벌금을 추가했다. 운전자보험에서 이를 적용하지 않는다면 모두 개인의 몫이 된다. 결국 법 개정은 보험과 직결되는 문제이다. 그렇기 때문에 20년 납 20년 만기로 가입했다가 개정되면 미련 없이 해지하고 다시 새롭게 가입하는 것이 낫다.

80세, 100세로 유지한다면 개정된 내용만 추가하기 어렵거나 오히려 보험료 부담이 커지기 때문에 운전자보험만 단독으로 저렴하게 유지하는 것이 유리하다. 최근에 운전자보험을 문의한 고객의 기존 운전자보험에는 골절진단금 10만 원, 상해수술비 50만 원, 화상진단비 10만 원, 교통상해 입원일당 2만 원, 깁스치료비 20만 원 등 많은 특약들이 가입되어 비싼 보험료를 납입하고 있었다. 4년 넘게 유지해온 보험이었다.

하지만 내가 제안한 설계는 간단했다. 운전자보험의 핵심 보장은 내 운전으로 인해 타인이 사망하거나, 중상해를 입고 크게 다치거나, 그로 인해 벌금을 내야 할 때, 관련해서 변호사를 선임해야 하는 경우에 따른 중요 내용들만 설계했다.

물론 기존 보험보다 보험료는 저렴하면서도 보장 내용에 큰 차이는 없다. 하지만 고객은 기존 보험을 유지하겠다고 말했다. 현재 보험과의 차이점을 정확하게 설명했지만 고객은 들으려 하지 않았다. 이유를 묻자 역시 특약이 너무 없다는 것이었다. 더 이상 고객에게 중요성을 말한다는 것은 의미 없는 일이었다.

운전자보험은 운전 중 일어나는 사고로부터 고객이 보호받아야 하는 상품인데, 소소한 특약들에 연연해 본연의 보장을 무시한다면 운전자보험을 가입하는 의미가 없다. 실제로 운전자보험이 있어도 제대로 된 보장을 받지 못해 개인파산을 당한 사례들도 종종 있다.

보험은 특약의 개수로 좋고 나쁨을 결정할 수 없다. 보험의 본질에 충실해서 주로 보장받을 내용을 결정하고 그와 연관된 특약을 고려해볼 수는 있지만 특약으로만 채워지는 보험은 잘못된 보험일 가능성이 크다.

친구 따라
강남 가면 안 된다

내 보험 제대로 만들기

　눈에 보이는 휴대폰과 눈에 보이지 않는 보험을 놓고 매달 납입하는 요금과 보험료 중 어떤 것이 더 아깝냐고 물어보면 아마도 보험료라고 말하는 사람들이 많을 것이다.

　휴대폰은 너무 필요하고 성능에 문제없어도 디자인에 따라 바꿀 수 있지만 보험은 생각만으로도 피곤하고 어렵다는 인식이 대부분이다. 휴대폰을 손에 들고 다니지 않는 사람이 거의 없을 것이다. 새로운 휴대폰이 나올 때마다 2~3년 주기로 교체하는 사람들도 많다. 그런데도 매달 나가는 요금은 당연하게 생각한다. 오히려 보험은 정해진 납입기간만 납입하면 그 이상 보장받을 수 있지만, 휴대폰은 사용하는 동안 계속 납입해야 한다. 휴대폰을 분실하면 경제적으로 여유가 없어도 곧바로 다시 구매할 것이다. 그런데 보험은 경제적 여유가 없으면 해지하거나 실효(보험료를 연속으로 두 달 이상 납입하지 않아 보장이 중지되는 상태)되는 경우가 더 흔하다. 이렇게 보험의 역할이 더 중요한데도 눈에 보이지 않는 미래를 담보한다는 불확실성으로 인해 현재의 필요성에서 휴대폰에 밀리고 있다.

보험은 어느 날 갑작스런 통증으로 응급실을 다녀오면 실제 치료비를 돌려받고, 수술하면 수술비와 입원비까지 보험금 한도 내에서는 전액 받을 수 있다. 덜컥 암이라도 걸리면 진단금만으로 몇천만 원을 받는다. 그런데도 보험이 피로도가 높기만 한 영역이라고 할 수 있을까?

고객들과 상담할 때, 어떤 이유로 보험을 가입할 생각을 하게 되었는지, 또는 보험 리모델링을 고려하게 된 이유가 무엇인지 꼭 질문한다. 그러면 대부분은 친구나 지인에게 들은 이야기를 한다. 보험에는 아예 관심이 없었는데 필요한 일이 생기더라는 이야기였다. 그리고 이미 가입한 고객들은 주변 사람들이 보험금을 받은 이야기를 듣고 본인의 보험과 비교한다. "최근에 친구가 건강검진에서 용종을 제거하고 100만 원의 보험금을 받았대요." "제 직장 동료가 암 진단금을 1억 5,000만 원 받았다는데 그렇게 많이 받을 수 있나요?" 주변에서 거액의 보험금을 받은 이야기를 듣다 보면 보험에 관심이 없다가도 내 보험도 그만큼 탈 수 있는지 확인해보고 싶다.

보험 일을 해온 지 17년 차인 나는 궁금하다. 얼굴이 다르고, 성격이 다르고, 가족력도 다르고, 경제 상황, 직업 모두 다른데 왜 보험의 기준은 주변 사람이어야 하는 걸까? 일반적으로 눈에 보이는 유형의 물건을 고를 때는 대부분 본인이 좋아하는 색상, 디자인, 성능 등을 명확하게 정하는데 왜 보험은 주관적이지 못한 것일까?

우리나라 보험이 어떻게 시작되었는지를 보면 그 이유를 알 수 있다. 초기에는 보험의 필요성과 가치를 부각하기보다는 친척, 지인, 친구에게 사정하듯이 보험 가입을 권유하는 문화가 자리 잡았다. 그런 이유로 고객 맞춤이라기보다 내용도 천편일률적이고 보험회사의 영업 전략도 비슷했다. 결국 보험회사와 설계사는 다르지만 보장 내용은 비슷할 수밖에 없었다. 혹은 시책이 높은 상품들은 집중적으로 권유하기도 한다. 예를 들어 위험직종에서 일하는 고객에게 조금 더 필요한 상해보험이 들어 있지 않은 보험을 가입했다고 가정해보자.

어느 날 고객이 직장에서 크게 다쳐 몇 달 휴직을 해야 한다. 우리나라에서 산재 처리를 인정받기란 여전히 쉽지 않다. 어렵게 산재 처리를 받는다고 해도 개인적으로 가입해둔 보험에서 받을 수 있는 보험금이 없다면 고객은 어떻게 생각할까? 보험은 아무 도움도 안 되고 돈만 나간다는 인식이 박혀 보험회사와 보험설계사의 이미지도 추락할 것이다. 결국 나와 가족에게 맞는 맞춤형 보험만이 제대로 도움을 줄 수 있다.

요즘의 보험시장은 변화무쌍한 편이다. 간편하게 가입할 수 있는 모바일 앱 전용 상품들, 반려견과 산책하는 시간에만 반려견을 대상으로 보장하는 상품까지 매우 다양하다. 오토바이 전용보험, 전동 킥보드 보험 등도 많이 출시되었고 단기간만 보장하는 미니 보험도 등장했다. 운전자보험도 민식이법 이후 기존 운전자보험 가입자들을 대상으로 신규 가입을 끌어올렸다.

상품 개발을 할 때는 시대적인 특성도 반영하지만 기본적으로는 고객에게 도움이 되어야 한다. 반대로 보험회사의 수익을 떨어뜨리는 상품은 금방 단종되기 마련이다. 보험회사별로 그 많은 상품을 고객들이 모두 알기는 어려운 일이다. 그래서 보험설계사를 통해 가입하는 비율이 아직도 높은 것이다. 더구나 코로나19 이후 안전과 건강 문제는 하나라고 생각하는 사람들이 많아졌다. 그런 이유로 보험에 더 많은 관심을 가지고, 기존에 유지하던 보험을 점검하고자 하는 사람들도 늘어나고 있다. 그런데 문제는 여기서부터다. 나와 가족에게 맞는 보험을 가입하려는 목적이 상담하는 과정에서 사라져버린다는 것이다.

최근에 친구 소개로 보험을 가입하고 싶다며 연락한 고객이 있다. 소개해준 고객은 보험에 관심도 많은 편이고 적극적이었다. 반대로 이 친구는 보험에 관심도 없고 성격도 매우 소극적인 편이었다. 보험 상담을 하는데도 소개해준 고객이 친구의 보험에 더 적극적이었다. 나는 소개받은 친구의 상황을 알고 싶은데 소심하고 낯가림이 있는 친구는 자세한 내용을 털어놓지 않았다. 결국 소개해준 고객이 대략적으로 "이렇게 해주시면 될 거 같아요"라고 마무리하는 느낌이었다.

단순하게 생각하면 그렇게 가입해주면 끝나는 일이다. 하지만 추후 보험금을 타야 할 상황이 되었을 때가 문제다. 소개해준 고객과 친구 모두 같은 질병, 같은 상해로 같은 시기에 똑같이 나에게 보험금을 청구할 일이 있을까? 거의 불가능한 일이다. 다양한 상황에 대처할 수 있도록 설계해주고 여러 보험회사의 상품을 비교해주는 것이 설계사의 일이다. 설계사도 고객이 제대로 보험금을 받았을 때 보람을 느낀다. 소개받은 친구는 가족력도 많았고, 건강에 민감하다고 전해들었다. 결국 소개해준 고객과 유사한 내용으로 가입할 수밖에 없었다.

그런데 어느 날 소개해준 고객에게 전화가 왔다. 다급한 목소리로 친구가 용접을 하다 손가락을 많이 다쳤다는 것이었다. 일하다 다친 사고는 회사에서 산재 처리를 해주는 것이 가장 좋다. 하지만 우리나라는 산재를 인정하는 회사가 많지 않다. 산재를 인정받는다고 해도 몇 달 동안 회사일을 하지 못하면 경제적으로 힘들게 마련이다. 소개해준 친구와 비슷한 내용으로 보험을 가입했기 때문에 상해 관련 보장이 거의 없었다. 소개해준 고객은 질병 위주로 가입했기 때문이다.

다행히 고객의 회사는 일하다 다친 명확한 사유를 인정해주었고 산재 적용을 해주었다. 그리고 치료를 받는 두 달 동안 산재 처리 덕분에 회사에서 약 70%의 휴업급여를 받을 수 있었다.

아쉽게도 개인적으로 가입해둔 보험에서는 50만 원 정도의 보험금이 전부였다. 산재에서 100% 휴업급여가 나오지 않았기 때문에 개인보험에서 제대로 보장을 받았다면 좀 더 편안한 마음으로 치료에 전념할 수 있었을 것이다. 그러나 개인보험으로 받은 보험금은 턱없이 부족했기 때문에 치료받는 기간 동안 마음이 편하지만은 않았다.

다른 사람이 기준이 되는 보험은 내가 힘든 상황에서 제대로 도움받을 수 없다. 나를 지키는 보험은 결국 맞춤옷처럼 나에게 맞춰져야 한다.

변액보험,
따져봐야 후회 안 한다

변할 수 있는 보험

보험을 중도에 해지하는 이유는 여러 가지 있다. 그중에서도 상품 내용이 처음 가입할 때 설계사를 통해 들었던 내용과 다르다고 말하는 고객들이 많다. 그런 얘기는 가입 당시 담당 설계사가 아닌 다른 설계사에게 듣는다. 이런 오류가 없으려면 처음 가입할 때 설계사와 나눈 대화 내용을 메모해두는 것이 좋다.

변액보험과 CI보험은 특히 고객들이 가입할 때는 그런 내용인 줄 몰랐다, 설계사가 그런 말은 하지 않았다는 말을 가장 많이 하는 상품이다. 10년 전만 해도 변액보험은 원금을 보장해주지 않는 상품이 많았다. 보험료에서 적립금에 속하는 부분을 주식이나 채권 등에 투자하는데 수익률은 플러스가 될 수도 있지만 마이너스가 될 수도 있다. 그에 따라 해지환급금도 높아지거나 낮아진다. 변액보험의 투자상품은 주식형, 주식혼합형, 채권형 등으로 분류된다. 보험료의 크고 작음과는 상관없이 보험회사가 국내와 해외의 비율을 분산해서 펀드로 운영한다. 원금 보장이 안 되는 형태가 대부분인데, 고객들은 추후 우편으로 운용 보고서를 받고서야 이러한 사실을 알게 된다.

변액연금, 변액종신보험, 변액유니버셜보험 등 '변액'이라는 단어가 들어간 상품은 말 그대로 내가 낸 보험료가 어딘가에 투자된다는 말이다. '변'하는 상품이라는 것을 가입할 때는 알지 못한다. 이 부분은 설계사의 설명이 순식간에 지나가거나 장점만 길게 설명하기 때문이다. 오히려 추후 높은 수익률로 원금 이상을 기대할 수 있다는 말을 가장 많이 듣는다. 특히 변액연금은 노후를 든든하게 보장해줄 연금이라고 생각한다. 은행보다 훨씬 높은 수익률로 고객의 은퇴를 책임질 것이라는 말도 듣는다. 그런데 나중에야 오히려 원금마저 마이너스가 될 수 있다는 사실을 알게 된다.

변액종신보험은 가족을 위해 사망보험금으로 활용되지만 추후 나이가 들었을 때 높은 수익률로 원금 이상을 돌려받을 수 있다는 말에 가입했고, 변액유니버셜보험은 사망과 건강 보장 그리고 추후 수익률까지 챙길 수 있는 데다 급하게 현금이 필요할 때 중도인출까지 된다는 말에 가입했다. 그런데 변액종신보험과 변액유니버셜보험도 모두 마이너스 상태다. 투자성 상품에서 흔히 일어날 수 있는 상황이다. 특히 해외 펀드의 수익률이 많이 하락했다는 안

내장을 보고 고객은 당황스러워한다. 가입 당시를 떠올려도 수익률이 마이너스가 된다는 말은 전혀 기억나지 않았다. 고객은 다음 날 고객센터로 전화한다. 해지해도 돌려받을 환급금이 전혀 없고, 앞으로 계속 납입하더라도 수익률 변화를 예측할 수 없다는 답변만 돌아온다.

변액보험은 펀드나 투자를 좋아하고 펀드 변경도 잘할 수 있는 고객에게 맞는 상품이다. 보험과 펀드를 결합한 상품이므로 고객이 직접 신경 써야 하기 때문이다. 대부분 보험설계사와 보험회사가 알아서 펀드를 운용해준다는 말에 가입을 결정하기도 한다. 하지만 펀드매니저 혹은 투자자산운용사와 같은 전문 자격증을 소지한 사람이나 그에 준하는 정보력을 가진 사람이 아니라면 일일이 펀드를 변경하면서 수익률을 관리하기 쉽지 않다.

현재는 분기마다 자동으로 펀드의 투자 전략을 점검하고 배분 가능한 시스템의 상품도 있지만 최근의 상황이다. 6년 전만 해도 설계사 또는 고객이 관심을 갖고 의논해서 펀드를 변경하거나 관리해야 했다. 이를테면 국내 펀드로만 배치할 것인지 적정하게 해외 펀드와 분산할지, 또는 펀드의 개수에 따라 다수 펀드 혹은 펀드별 투입 비율을 조정해야 하므로 관련 지식과 정보력이 필요하다. 이런 이유로 설계사와 고객 모두 신경 쓰지 않으면 최초 투자된 펀드로만 계속 운용될 수밖에 없다. 그러다 설계사가 그만두면 오롯이 고객의 몫으로 남는다.

보험회사는 판매자인 보험설계사의 설명을 듣고 가입했다고 생각하기 때문에 고객의 변액보험에는 큰 관심을 갖지 않는다. 그러면 결국 고객만 불이익을 당하게 된다.

제로금리 시대에 오히려 투자에 관심을 보이는 고객들도 많아진 것은 사실이다. 여유 자금과 적정 수준의 보험료로 손실을 감안할 수 있는, 말 그대로 없는 셈 치고 투자하는 것이 변액보험이다. 물론 현재의 변액보험은 과거만큼 원금 손실을 보지 않는 상품도 생겨났다. 적어도 원금은 보장해준다는 개념이지만 시간을 투자하는 만큼 수익이 발생해야 한다는 게 내 생각이다.

짧게는 10년, 또는 20년 이상 보험료를 납입하고 고작 원금 수준의 금액을 노후에 나눠 받는 것은 연금으로서 의미가 없다. 은행에 맡겨두는 것이 차라리 나을 수도 있다. 하지만 건강보험 특약이 함께 가입될 수 있는 변액유니버설보험이나 사망을 담보로 하는 변액종신보험의 경우는 좀 다르다.

변액유니버설보험은 주계약 가입금액만 투자성에 속한다. 그외 건강 관련 특약들은 순수 보장성 보험료이기 때문에 투자되지 않는다. 그런데 주계약의 수익률이 높아져서 주식처럼 모두 뺄 수 있다면 좋겠지만 그렇게 하려면 보험을 해지해야 한다. 보험 기능도 끝난다는 것이다.

변액종신보험도 운용수익률이 좋아서 원금보다 많은 해지환급금을 받으려고 할 때는 반드시 해지해야 한다. 그렇게 되면 사망보험금 기능도 끝난다. 보험의 기능과 투자의 기능 모두를 챙기는 것은 불가능하다. 이런 변액보험의 특성을 제대로 이해하고 가입해야 후회하지 않는다.

보험료가 낮을수록 기대하기 어렵다?

매달 정기적으로 통장에서 나가는 보험료를 신경 쓰는 사람들은 거의 없다. 잊고 있다가 연체되거나 계약이 실효되기 전에 보험회사나 보험설계사의 연락을 받으면 그때 어떤 상품에 얼만큼의 보험료가 나가는지 신경 쓰는 정도다.

변액보험은 펀드에 투자된다는 이유로 자택이나 직장으로 1년에 한두 차례 우편물이 온다. 30만 원, 50만 원, 100만 원 혹은 그 이상의 고액 보험료를 납입하는 경우에는 아무래도 펀드 수익률에 더 민감하다. 투자에는 관심 있지만 보험료를 납입할 여력이 없을 때 소액으로 투자하면서 보장도 받을 수 있다는 설계사의 유혹에 넘어가게 마련이다. 하지만 5만 원, 10만 원의 보험료로 펀드를 변경해가면서 훌륭한 수익률을 낼 수 있을까?

A설계사가 B고객의 경제적 여력을 고려해 한 달에 10만 원으로 수술비와 입원일당도 보장받으면서 수익률도 기대할 수 있는 변액상품을 권유했다. 주변에서 주식이며 부동산, 펀드에 투자하는 지인들과 직장 동료들을 보며 부러움을 느끼던 B고객은 설계사의 권유에 귀가 솔깃하다. 설계사는 보험회사의 공신력과 재무 상태를 열심히 설명해가면서 B고객의 흔들리는 마음을 거세게 밀어붙인다.

B고객이 A설계사에게 질문한다. "그런데 설계사님이 그만두시

면 저는 펀드를 잘 모르는데 제 보험은 어떻게 되는 건가요?" 노련한 A설계사는 이렇게 말한다. "고객님, 그런 걱정하지 않으셔도 돼요. 저는 이 회사에 뼈를 묻을 겁니다. 그런데 만에 하나 정말 제가 불가피한 사유로 퇴사하더라도 저희 회사 못 믿으세요? 알아서 자동으로 펀드를 안전하게 분배하는 시스템이 있으니까 제가 믿고 권하는 겁니다." 이 말을 듣고 마음의 결정을 내린 고객은 기대감을 가지고 계약서에 서명한다.

그러던 어느 날 우편물을 받은 B고객이 수익률 하락 표시를 보고는 A설계사에게 전화를 건다. A설계사는 전화를 받지 않는다. 고객은 바쁜가 보다 하고 전화를 기다린다. 하지만 며칠이 지나도 설계사에게 전화가 오지 않는다. 불안하고 초조한 마음에 다시 전화를 걸어보지만 역시나 받지 않아 보험회사 콜센터로 전화를 건다. 담당자를 통해 연락하겠다는 답변을 들었는데 담당자의 이름이 다르다. 그사이 설계사는 퇴사한 것이다. 2년도 채 되지 않았는데 우려하던 일이 발생했다.

새로운 C설계사에게 전화를 받는다. 이미 C설계사는 B고객의 보험료 납입 상황을 알고 있다. C설계사는 자신에게 수당이 발생하지도 않는 일이기에 특별히 관심이 없다. 사무적으로 응대하는 C설계사의 말에 B고객은 당황한다. "이 정도 보험료는 없는 돈이라 생각하시고 계약하신 것 같은데 아니세요?" C설계사의 말에 당황한 고객은 아니라고 말하기도 자존심이 상한다. "그렇긴 한데…… 그래도 수익률이 분명히 좋을 거라고 했거든요." "혹시 기존 담당 설계사님 아시는 분이셨어요?" C설계사가 다시 묻는다. "아니요. 그런데 그건 왜 물어보세요?" 기분이 나빠진 B고객이 되묻는다. "보통 펀드로 수익률을 기대하시는 분들이 변액보험 가입하실 때는 보험료가 조금 높은 경우가 많아서요." B고객은 그제야 이해되었다.

100만 원 이상 고액 계약자들은 보험회사와 담당 설계사 모두 신경 쓰는 편이다. 양쪽 모두 수익이 발생한다는 뜻이기도 하지만 추후 지속적으로 추가 계약이 나올 확률이 높기 때문이다. 하지만 그렇지 않은 경우는 대부분 설계사가 계약하기 급급해 광고성으로 고객에게 부풀리는 경우가 많다.

위 사례처럼 10만 원짜리 변액보험을 가입한 B고객은 수술비와 입원일당이 차지하는 보험료 4만 원을 제외하면 실상 펀드로 투자되는 보험료는 6만 원도 채 안 된다. 물론 소액으로도 적정 수준 이상의 수익을 낼 수는 있다. 하지만 고객이 펀드에 관심을 갖고 투자하는 종목을 자유롭게 변경할 만한 지식이 있거나 처음에 가입한 투자운용사가 운 좋게 수익을 올렸을 때의 얘기다.

결국 어딘가에 투자할 때는 본인의 관심과 지식이 가장 큰 무기가 된다는 것을 기억해야 한다.

보험의 순수 기능에 변액처럼 결합되는 상품들도 늘어나고 있다. 하지만 보험의 순기능을 먼저 이해할 필요가 있다. 사망, 건강 등의 보장을 위한 대비와는 결이 다를 수 있기 때문이다.

복잡한 보험 용어
파악하기

보험증권은 보험이 성립되었다는 문서로 고객이 보험을 가입한 후 보험회사로부터 필수적으로 받는 증서이다. 최근에는 이메일이나 모바일을 통한 증권 수령도 가능하다. 보험종목, 보험금액, 보험기간, 보험금, 주소와 성명 등이 기재되어 있다. 보험회사가 직접 고객에게 발급하는 서류이며, 분실하면 재발행이 가능하다.

| 보험증권 |

'본 증권은 관계 법령 및 내부통제기준에 따른 절차를 거쳐 제공됩니다.'

계약번호: L-0   (2)

● 보험계약의 개요

보 험 기 간	2011-12-29 ~ 2107-12-29	직 업	
계 약 자 명		주민번호	
주 소			
단 체 여 부			

● 피보험자 사항

서열	피보험자명	주민번호	사망수익자	기타수익자	지정대리청구인
1			법정상속인	( )	-

● 보험료 사항

보장보험료	37,972원	적립보험료	10,178원	합계보험료	48,150원
납 입 기 간	20년납	납 입 방 법	1월납	수 금 방 법	자동이체(20일)

● 환급금 사항

만 기 수 익 자		주민번호	
계약자와의관계	본인임	예상만기환급금	다음 메이지 참조

• 기본사항

계 약 자		주 민 번 호	

• 피보험자 사항

전체 피보험자 수 : 1

보 험 기 간	2011-12-29 ~ 2107-12-29		서 열	1
피보험자성명		주 민 번 호	직 업 명	미취학아동
주 소	(자택) 울산 동구		차 량 번 호	-
사망수익자	법정상속인	기타수익자	(	')
지정대리청구인	-		-	-

담 보 명	가입금액	납기 및 만기	보 장 내 용
기본계약	1억원	20년납100세만기	상해로 3%이상 후유장해시 <가입금액×지급률> 해당액 지급
상해후유장해(80%이상)담보	1천만원	20년납100세만기	상해로 80%이상 후유장해시 가입금액 지급
상해후유장해(50%이상, 소득보상)담보	5천만원	20년납100세만기	상해로 50% 이상 후유장해시 매년 가입금액의 10%를 10년간 지급
질병후유장해(80%이상)담보	1천만원	20년납100세만기	질병으로 80%이상 후유장해시 가입금액 지급
갱신형특약보험료충당담보	1천만원	20년납100세만기	보장보험료 납입면제 관련사항에서 정한 납입면제 발생시 이 특약의 가입금액에 해당하는 금액을 보험수익자에 지급하며 계약자는 갱신형특약의 보장보험료를 계속 납입하여야 합니다. 다만, 계약자 요청시 보험수익자의 동의를 얻어 이 특약의 보험가입금액에 해당하는 금액으로 갱신형 특약에 해당하는 보장보험료의 납입을 대체함
상해입원실손의료(갱신형)담보(대체납입)	5천만원	전기납3년만기갱신(최대100세)	상해로 입원하여 치료를 받은 경우(자동차보험, 산재보험 처리분 제외) 하나의 상해당 가입금액(한도 지급 (최초입원일로부터 365일한도)-국민건강보험법 또는 의료급여법에 의해 피보험자가 부담하는 입원실료,입원제비용,수술비의 90%해당액(단, 10%해당액이 연간 200만원을 초과하는 경우 그 초과금액은 보상)-실제사용병실과 기준병실의 병실료 차액의 50%를 1일평균금액 10만원상한으로 지급※단 국민건강보험법 또는 의료급여법을 적용받지 못하는 경우 본인부담의료비 총액의 40%해당금액으로 보상
상해통원실손의료(외래)(갱신형)담보(대체납입)	25만원	전기납3년만기갱신(최대100세)	상해로 통원하여 치료를 받은 경우(자동차보험, 산재보험 처리분 제외) 방문 1회당 가입금액 한도 지급 (매년 계약해당일로부터 1년간 180회 한도)-국민건강보험법 또는 의료급여법에 의하여 피보험자가 부담하는 비용에서 방문 1회당 약관에서 정한 공제금액(의원1만원, 병원1만5천원, 종합전문요양기관2만원)을 차감한 금액※ 단, 국민건강보험법 또는 의료급여법을 적용받지 못하는 경우 본인부담의료비 총액에서 방문1회당 공제금액 차감한 금액의 40%해당액을 외래 가입금액 한도로 보상
상해통원실손의료(처방조제)(갱신형)담보(대체납입)	5만원	전기납3년만기갱신(최대100세)	상해로 처방조제를 받은 경우(자동차보험, 산재보험 처리분 제외) 방문 1건당 가입금액 한도 지급 (매년 계약해당일로부터 1년간 180건 한도)-국민건강보험법 또는 의료급여법에 의해 피보험자가 부담하는 비용에서 처방전1건당8천원 공제받은 금액※ 단, 국민건강보험법을 적용받지 못하는 경우 본인부담의료비 총액에서 처방전1건당 8천원을 공제한 금액의 40%해당액을 처방조제 가입금액 한도로 보상
질병입원실손의료(갱신형)담보(대체납입)	5천만원	전기납3년만기갱신(최대100세)	약관에 정한 질병으로 입원하여 치료를 받은 경우(산재보험 처리분 제외) 하나의 질병당 가입금액한도 지급 (최초입원일로부터 365일한도)-국민건강보험법 또는 의료급여법에 의해 피보험자가 부담하는 입원실료,입원제비용,수술비의 90%해당액(단, 10%해당액이 연간 200만원을 초과하는 경우 그 초과금액은 보상)-실제사용병실과 기준병실료의 병실료 차액의 50%를 1일평균금액 10만원상한으로 지급※단, 국민건강보험법 또는 의료급여법을 적용받지못하는 경우 본인부담로비 총액의 40%해당금액 지급
질병통원실손의료(외래)(갱신형)담보(대체납입)	25만원	전기납3년만기갱신(최대100세)	약관에 정한 질병으로 통원하여 치료를 받은 경우(산재보험 제외) 방문1회당 가입금액 한도 지급 (매년 계약해당일로부터 1년간 180회 한도)-국민건강보험법 또는 의료급여법에 의하여 피보험자가 부담하는 비용에서 방문1회당 정한 공제금액(의원1만5천원, 종합전문의원2만원)을 차감한 금액※ 단, 국민건강보험법 또는 의료급여법을 적용받지 못하는 경우 본인부담의료비 총액에서 방문1회당 공제금액을 차감한 금액의 40%해당액을 외래 가입금액 한도로 보상

- **보험계약자** : 보험계약에 관해 보험회사와 상호간에 이행해야 할 권리와 의무에 관련된 권한을 갖는 사람
- **피보험자** : 보험사고 발생의 대상이 되는 사람
- **보험수익자** : 보험사고 발생 시 보험금 청구권을 갖는 사람
- **보험금** : 피보험자의 사망, 장해, 입원 등 보험금 지급 사유가 발생하였을 때 보험회사가 보험수익자에게 지급하는 금액
- **보험기간** : 보험계약에 따라 보장받는 기간
- **보장개시일** : 보험회사의 보험금 지급 의무가 시작되는 날

- **보험계약일** : 보험계약자와 보험회사의 보험계약 체결일
- **가입금액** : 보험금, 보험료 및 책임준비금 등을 산정하는 기준이 되는 금액
- **해지환급금** : 계약의 효력이 상실 또는 해지 시 보험계약자에게 돌려주는 금액
- **면책기간** : 보험 가입 후 피해에 대한 보상을 받지 못하는 기간(암, 치아, 자살로 인한 사망 등)
- **감액기간** : 보험금 지급 사유가 발생하더라도 보장금액을 전부 지급하지 않고 감액하여 지급하는 기간(암, 뇌혈관, 허혈성 수술비 등)

보험료는 보장보험료와 적립보험료를 합친 것을 말한다. 이 2가지 보험료에 대한 자세한 설명은 다음과 같다.

- **보장보험료** : 보험계약에 따른 보장을 받기 위해 보험계약자가 보험회사에 납입하는 보험료로 소멸성 보험에 속하기 때문에 중도해지 시 해지환급금의 비율에는 영향을 끼칠 수 있으나 만기 시 환급금이 전혀 없음
- **적립보험료** : 회사가 적립한 금액을 돌려주는 데 필요한 보험료로 추후 해약환급금 또는 만기환급금의 재원으로 쓰임

책임준비금은 보장부분 책임준비금과 적립부분 책임준비금을 합친 것을 말한다. 이 2가지에 대한 자세한 설명은 다음과 같다.

- **보장부분 책임준비금** : 장래의 보험금 지급을 위하여 보험계약자가 납입한 보장순보험료 중 일정액을 '보험료 및 책임준비금 산출방법서'에서 정하는 바에 따라 보험회사가 적립해둔 금액
- **적립부분 책임준비금** : 장래의 만기환급금 지급을 위하여 보험계약자가 납입한 적립순보험료를 '보험료 및 책임준비금 산출방법서'에서 정하는 바에 따라 보험

회사가 적립해둔 금액

다음은 갱신계약과 관련된 용어를 정리한 것이다.

- **최초계약** : '갱신형' 계약이 최초로 부가되는 경우
- **갱신계약** : '갱신형' 계약의 보험기간이 끝난 후 해당 계약이 갱신된 경우
- **갱신일** : '갱신형' 계약이 갱신되기 직전 계약의 보험기간이 끝난 날의 다음 날

2장

끝까지 유지하는
완벽한 보험의 조건

보험은
어렵다?

설계사 혼자 하는 상담(고객이 참여하지 않는 상담)

보험 납입기간은 대체로 긴 편이다. 짧다고 해도 10년, 20년이고 30년까지 납입하는 경우도 많다. 그런데 보험계약을 납입기간까지 유지하는 고객은 30%도 되지 않는다. 왜 그렇게 많은 고객들이 납입기간을 채우지 못하고 해약하는 것일까? 이유를 꼽자면 보험을 제대로 이해하지 못한 채 가입했거나, 스스로 필요하다는 생각보다 주변의 권유나 부모님의 결정에 따라 무심코 가입한 경우가 많기 때문이다. 그렇게 가입한 보험은 중간에 해약하기 쉽다.

게다가 보험은 어렵고 이해하기 힘든 영역이라는 편견까지 있다. 살다가 아플 수도 있고, 아프지 않을 수도 있다. 다칠 수도 있고 다치지 않을 수도 있다. 눈에 보이는 물건을 구매하거나, 눈에 보이지는 않더라도 통신비, 전기료, 관리비 등은 사용했다는 인식을 하기 때문에 지출이 많더라도 불만을 갖지 않는다. 그런데 보험은 보험금을 받을 수도 있고 받지 않을 수도 있다는 생각에 막연하다. 나이가 들수록 아플 확률이 높다는 인식 정도이다.

미래에 어떤 일이 일어날지도 모르는데 굳이 매달 고정비용을 납입해야 하는지 이해할 수 없다고 말하는 사람도 있다. 이렇게 보험의 필요성이나 중요함을 거의 못 느끼는 상태에서 주변의 권유로 얼떨결에 가입하는 사람들이 많다.

일반적으로 보험을 가입하고자 결심했다면 설계사를 통해 제안서를 받는다. 설계사의 설명이 어렵게 느껴져도 고객은 질문하지 않는다. 질문해도 설계사의 답변을 이해하기 힘들다고 생각하기 때문이다. 그래서 이왕이면 보험 상담이 짧으면 좋겠다는 생각에 가족이나 지인, 친구, 주변 동료를 통해 설계사를 소개받는다. 그저 소개해준 사람을 믿는 것이다. 설계사의 실력이나 역량을 따지기보다는 상담 내용이 특별히 못마땅하지 않는 한 그냥 믿고 계약한다. 이처럼 보험에 관심을 가지지 않는다면 보험의 필요성과 가치를 제대로 인지했다고 볼 수 없다.

본인이 아프거나 다쳤을 때나 가족과 지인이 겪는 질병과 상해를 마주하는 경우에 가장 먼저 보험을 떠올린다. 그럼에도 미리 꼼꼼하게 준비하는 사람들이 많지 않은 것은 보험인의 한 사람으로서 안타까울 뿐이다.

보험을 가입하려면 보험에 대한 간단한 이해가 필요하다. 어느 날 질병이나 상해로 인해 경제적으로 힘든 상황을 겪게 될 수도 있다. 집을 구입하느라 대출을 받은 상태에서 가장이 갑자기 사망하거나 중상해를 입는 상황, 자녀가 아파서 부모가 직장을 그만둘 수밖에 없는 상황, 부모님의 병간호가 필요한 상황, 다쳐서 한동안 직장을 다니지 못하는 상황 등은 누구에게나 생길 수 있다.

그런 일들이 나에게 닥쳤을 때 보험금으로 대처할 수 있어야 한다. 이때 100%, 80%, 50% 어느 정도를 보험에 의지할 것인지를 정해야 한다. 거기에 따라 보험의 구성이 달라지기 때문이다.

콜라 1.5리터를 하루에 2개씩 매일 마시는 사람이 있다. 물론 다른 식습관도 인스턴트식품이 대부분이다. 운동은 전혀 하지 않는다. 이런 경우 특이한 체질이 아니라면 대부분 비만에 이르게 된다. 그리고 고혈압, 당뇨, 간수치 상승 등 동반되는 질병도 많을 것이다. 본인도 건강에 대해 심각성을 느끼지만 생각에 그칠 뿐이다. 이 경우 보험으로 미리 준비해둘 필요가 있다는 생각은 누구나 할 수 있다. 그렇지만 모두가 보험에 관심을 갖지는 않는다. 본인 스스로 보험에 적극적으로 관심을 가져야 하는 상황인데도 말이다.

설계사의 상품 설명에만 의존하지 말고 궁금한 것을 질문해야 한다. 나의 건강에 관심을 갖고 보험 상담을 하면 보험에도 애착이 생긴다. 보험을 가입하고 유지해야 할 이유를 정확하게 알고 있다는 얘기다. 반대인 경우라면 매달 나가는 보험료가 아깝다는 생각에 어느 날 해약하기도 쉽다.

보험 용어를 기억하려 하지 마라

부동산에 관심을 갖는 사람은 부동산 용어가 낯설지 않을 것이다. 주식도 마찬가지다. 뭐든 본인이 좋아하거나 알아두어야 한다고 생각할 때, 필요하다고 느낄 때는 기억을 잘한다. 하지만 보험 용어는 왜 그렇게 어렵냐고 말하는 사람들이 많다. 계약자, 피보험자, 수익자, 납입자 등 보험 용어는 많기도 하다.

보험설계사가 말하는 여러 가지 보험 용어는 이미 아는 단어들이다. 다만 살면서 자주 듣는 단어가 아니기에 낯설 뿐이다. 그렇다고 단지 용어 때문에 보험 가입을 피곤하게 생각할 필요는 없다. 앞으로 생길 수 있는 상황을 중심으로 보험을 이해하려는 노력이 필요하다. 예를 들어 두통이 생겼을 때 병원에 가서 어떤 검사를 받는지 설계사에게 질문하는 것이다. 치질이 생겨 수술하게 되거나, 위와 대장에 용종이 생겨 시술이나 수술을 받게 되거나, 허리디스크로 수술한다거나, 심한 복통으로 주말에 응급실을 찾는다거나, 실제로 일어날 만한 사례들을 묻는 것이 좋다. 현실적으로 일어날 수 있는 일들에 대해 질문하고 설명을 듣다 보면 보험이 조금 더 쉽게 느껴진다.

5년 전 나를 통해 보험 가입을 한 고객이 3년 전 갑상선 이상으로 병원에 갔다. 갑상선 기능검사, 피검사, 초음파검사 등을 통해 고객은 최종 D34라는 질병코드를 받았다. 정식 명칭은 갑상선의 양성 신생물이다. 특이한 소견이 없으면 1년에 한 번씩 정기검사만 받으면 된다는 얘기를 들었다. 실손의료보험 청구를 위해 병원에 가기 전에 미리 보험금 청구 관련 서류를 안내했다. 통원확인서, 진료비세부내역서, 진료비영수증, 초진 차트 등 필요한 서류를 알려주었다. 고객은 병원에서 발급받은 서류들을 사진 찍어서 나에게 보냈고, 통장으로 보험금을 받았다.

여기서 중요한 것은 보험 용어를 기억할 필요 없다는 것이다. 담당 설계사와 잘 소통해서 보험금 청구를 원활하게 받는 것이 중요하다. 해당 보험사 모바일 앱을 통해 청구하면 더 편리하다. 참고로 약관에 있는 질병코드 분류표만 잘 발췌해두어도 보험금 청구가 편리하다. 보험금을 청구하기 전에 설계사를 통해 보험 관련 서류를 미리 안내받으면 도움이 된다.

건강에 문제가 생긴 이후에 유지하던 보험을 해약하고 다시 새로운 보험을 가입할 때는 제재 사항이 너무 많다. 보험은 더 이상 선택이아닌 필수다. 코로나19와 같이 영화에서나 일어날 법한 일들이 현실이 되었다. 건강을 자부할 수도 없다. 한살 한살 나이 들어가면서 운동하고 식습관을 관리하더라도 노화를 조금 늦출 뿐 나이를 거꾸로 먹을 수는 없다. 어떤 상황에서도 보험은 나를 지키는 최후의 수단이자 방법이다. 내 몸을 이해하듯 보험에 관심을 가진다면 끝까지 유지하여 충분히 보장받을 수 있을 것이다.

보험이
필요한 순간

아프지 않다고 확신할 수 있을까?

2020년과 2021년은 코로나19가 점령한 2년이었다고 해도 과언이 아니다. 보험료 납입이 어려워서 유지하던 보험을 해약하거나, 시중보다 저렴한 보험회사의 약관대출을 이용하는 고객들도 늘었다. 그런데 신기하게도 보험회사의 매출은 줄어들지 않았다. 오히려 민식이법으로 운전자보험은 날개를 달았고, 코로나19 팬데믹으로 인한 불안감이 보험에 대한 의존도를 높인 듯했다.

병상이 모자라 치료도 제대로 못 받고 죽어가는 사람들과 출산도 제대로 못 하는 산모들까지, 사망하거나 중증의 위험에 빠지는 이들을 주변에서 쉽게 볼 수 있었고, 델타, 오미크론, 스텔스오미크론까지 코로나19로 인한 불안감은 줄어들지 않고 있다.

평소 건강을 자부하던 사람들도 불안감을 드러내기 시작했다. 코로나19 초기에는 심각한 뇌손상과 장기손상까지 일으킬 수 있다는 확인되지 않은 루머까지 돌았다. 최근에는 오미크론 확진 후에 후유증과 합병증으로 최소 한 달에서 세 달까지는 기침, 어지럼증, 열감, 식욕부진 등의 증세를 겪는 사람들도 많다. 코로나19가 장기화되면서 불안감과 공포로 인해 보험에 대한 의존도가 높아져 보험업계 매출은 줄어들지 않은 것이다.

고객들과 상담하다 보면 코로나19 전에는 약 20% 정도가 지금도 건강하고 앞으로도 건강에 별문제 없을 거라고 했다. 가족력도 없고, 평소 건강관리도 잘하기 때문에 보험이 그다지 필요할 것 같지 않다는 것이었다. 하지만 코로나19 이후 백신을 3차까지 맞은 사람도 확진되는 사례가 많아지면서 요즘은 오히려 건강 염려증을 호소하는 고객들이 많아졌다.

코로나19는 평소 건강을 호언장담하던 사람들에게도 영향을 끼쳤다. 어느 날 건강을 자부하던 고객이 전화를 해서 심장 관련 시술을 받았다며 보험금을 청구하는 절차를 문의했다. 4년 전 건강에 자신 있다고 했던 고객은 한껏 풀이 죽은 목소리로 "병원비 전액이 나올까요?"라고 물었다. "실손보험에서는 90%까지 거의 보장되겠지만 추가적으로 수술비를 가입해두신 부분이 없어서 본인 부담금이 발생할 것 같아요"라고 답해주었다. 그는 "네, 보험금 청구 잘 부탁드립니다"라는 말과 함께 힘없이 전화를 끊었다.

심장 관련 시술이나 수술은 1회성으로 끝나는 경우도 있지만 반복적으로 하는 경우가 훨씬 더 많다. 대부분의 고객들이 짧게는 1~2년, 3~5년 주기로 재수술하는 사례를 많이 봐왔다. 그렇다고 매번 휴가를 내거나 다니던 직장을 그만둘 수는 없다. 위의 고객이 조금 더 보험을 중요하게 생각했다면 정말 필요한 순간에 제대로 도움받을 수 있었을 것이다. 경제적으로도 덜 힘들고 편안한 마음으로 치료에 집중할 수 있는 것이다.

건강은 거짓말처럼 '어느 날 갑자기' 문제가 생긴다. 건강관리는 식습관이나 운동만으로 해결되지 않는다. 의사 선생님들이 흔히 하는 말 중에 하나가 "원인을 알 수 없다"는 것이다. "스트레스가 원인이다"라는 말도 자주 듣는다. 건강은 스스로 100퍼센트 관리하거나 제어할 수 없다. 그런 이유로 보험에 가입하려는 고객들이 갈수록 많아지는 것이다.

보험을 오랜 시간 잘 유지해야 하는 이유도 알 수 없는 그 '어느 날' 때문이다. 긴 시간 유지하려면 완벽한 보험을 들어두어야 한다. 누구에게든 보험이 필요한 순간은 오게 마련이다.

싱글이 살아가는 방법

나는 이혼한 지 벌써 17년이 넘었다. 17년 전에는 세상의 시선이 따가웠다. 이혼녀라는 것을 가족들도 마뜩찮아했다. 하지만 지금은 이혼이 흔한 데다 눈치 보지 않아도 될 만큼 사람들의 인식이 변했다. 문제는 나 스스로를 보호해야 한다는 것이다. 아플 수도 없고, 쉴 수도 없고, 마음대로 놀 수도 없다. 지출은 줄어들지 않는데 고정비용은 늘어나기 마련이고 수입이 늘어나기는 더 어렵기 때문이다.

보험설계사로 일하는 친동생도 40대 중반이 넘은 나이지만 미혼이다. 결혼 시기를 놓치고 오히려 일에만 집중하며 살고 있다. 10년 이상 동생과 함께 살다가 2021년 7월 각자 독립했다.

지인들과 친구들 중에 결혼 생활과 시댁에 대한 불만과 스트레스를 표현하는 사람들이 많다. 그런 얘기를 들을 때마다 혼자 사는 자유가 정말 소중하다는 생각을 하게 된다. 그러면서도 문득 어느 날 아프면 나를 돌봐줄 사람이 없다는 생각에 슬픔이 몰려온다. 주변 지인들이 가끔은 가족들과 식사 자리에서 나눈 즐거운 이야기들과 행복한 미담을 들려줄 때면 함께 웃으면서도 가슴 한편으로는 허전함이 느껴진다. 그래서 싱글들의 보험은 조금 더 탄탄해야 한다.

나는 3년 전 46세의 나이에 치매보험을 가입했다. 치매보험이 열풍을 일으키면서 보장 한도가 축소된다며 지금이 가입할 절호의 기회라는 절판 마케팅이 한창이었다. 딸아이만 하나 있는 내가 혹시 가족을 기억하지 못하거나, 내 이름 정도만 알게 된다면 어떨까. 생각만 해도 등골이 오싹했지만 치매에 걸리지 말라는 법도 없다.

치매는 환자만 행복하고 주변이 힘든 질병이라고 한다. 가장이기도 하면서 동시에 세대주인 내가 어느 날 병에 걸렸을 때 감당해야 하는 일들에 대해 생각해봤다. 치매 환자는 진단 후 평균 13년 정도 생존한다는 통계가 있다. 80세 이후 진단율이 가장 높다. 그 연령에 누군가 돌봐줄 사람이 없다면 요양원에 갈 수밖에 없다. 결국 남는 것은 돈 문제다.

게다가 현재 만성신부전증으로 투석 중인 어머니는 고혈압약을 함께 복용 중이다. 돌아가신 외할머니도 뇌질환과 고혈압이 있었다. 큰이모와 작은이모 모두 뇌질환과 고혈압으로 현재까지도 약을 복용 중이다. 가족력이 정말 짱짱하게 내려오는 느낌이다. 치주질환, 턱관절장애, 치아 문제도 치매와 연관성이 깊은데 나는 잇몸도 튼튼하지 못하다. 이래저래 나는 치매보험을 가입해야 할 이유가 넘쳐났다.

고객들과 상담할 때도 항상 이런 경우를 상상해보라고 한다. 고객이 아팠을 때, 다쳤을 때를 생각하면 긴 시간을 고객과 함께할 보험이 필요하다. 중간에 해약하지 않고 유지할 수 있는 보험만이 고객의 미래를 책임질 수 있다.

나는 앞으로 14년 넘게 보험료를 납입하면 노후 걱정은 덜게 된다. 지금 당장 아플 확률보다 보험료 납입이 종료되는 63세에 아플 확률이 더 높을 것이다. 그 이후는 열심히 납입해둔 보험이 나의 노후를 지켜줄 거라고 생각하면서 지금도 보험을 유지하고 있다.

유지할까, 해약할까?

나를 지켜주지 못한 보험

고객의 보험증권을 분석하다 보면 애매한 보험들이 많다. 중요한 보장 내용이 없는 것이다. 여러 가지 특약들은 있지만 주요 보장 항목에 없어 보험료가 아깝다는 생각마저 든다.

운전자보험을 예로 들어보자. 최근 보장 분석을 의뢰한 고객은 2016년에 3만 원짜리 운전자보험을 가입했다. 20년 납 80세 만기 상품이었다. 고객이 운전하다가 중과실 사고로 타인을 사망하게 했거나 중상해를 입혔을 때 보장하는 형사적인 보장 내용이 핵심이었다.

다음 페이지의 표는 2016년과 2022년 운전자보험 가입 내용이다. 신호위반으로 교통사고를 냈고, 그로 인해 상대방 차에 타고

| 2016년형 A보험사 운전자보험 담보 내용 |

가입담보	보장상세(지급조건)	보험 가입금액	납기/만기
상해사망	피보험자가 보험기간 중 상해사고로 사망한 경우 보험가입금액 지급	1억 원	20년/80세
상해후유장애 (3-100%)	피보험자가 보험기간 중 상해사고로 후유장애(3~100%)가 발생한 경우 가입금액에 후유장애지급률을 곱한 금액을 지급	5,000만 원	20년/80세
상해 80% 이상 후유장애	상해로 80% 이상 후유장애 시 가입금액 지급	1억 원	20년/80세
골절진단비 (치아파절 제외)	피보험자가 보험기간 중 상해사고로 골절 진단을 받은 경우 가입금액 지급	10만 원	20년/80세
깁스치료비	피보험자가 보험기간 중 상해 또는 질병으로 깁스(Cast)치료를 받은 경우 매 사고 시마다 가입금액 지급	20만 원	20년/80세
화상진단비	피보험자가 보험기간 중 상해사고로 심재성 2도 이상의 화상진단을 받은 경우 가입금액을 지급(1사고당)	20만 원	20년/80세
화상수술비	피보험자가 보험기간 중 상해사고로 심재성 2도 이상의 화상 진단을 받고 그 치료를 직접적인 목적으로 수술 시 수술 1회당 보험가입금액 지급 단, 동일한 사고로 인하여 두 종류 이상의 화상수술을 받은 경우에는 1회에 한하여 보장	10만 원	20년/80세
교통사고처리 지원금 (자가용, 실손)	자가용자동차 운전 중 사고로 피해자 사망, 중상해 시 또는 중대법규 위반으로 피해자 부상 시 약관에서 정한 보상한도액 한도로 실제 비용 보상	3,000만 원	20년/80세
벌금(실손)	피보험자가 보험기간 중 자동차운전 중 대인사고로 벌금 확정판결을 받을 경우 그 확정판결 벌금액을 가입금액 한도로 지급	2,000만 원	20년/80세
자동차사고 변호사선임비용 (실손)	피보험자가 보험기간 중 자동차 운전중 대인사고로 구속 또는 정식기소되어 변호사 선임비용을 부담한 경우 보험가입금액 한도 내에서 실제 발생한 변호사 선임비용 지급	500만 원	20년/80세
……	……	……	……
		보험료 합계	30,000원

| 2022년형 B보험사 운전자보험 담보 내용 |

가입담보	보장상세(지급조건)	보험 가입금액	납기/만기
……	……	……	……
갱신형 자가용운전자용 교통사고처리지원금(V)	자동차(이륜자동차 제외) 운전 중 교통사고로 형사합의금 지급 시 약관에 정해진 금액을 한도로 지급	2억 원	20년/20세
갱신형 자가용운전자용 교통사고처리지원금(중대법규 위반, 6주 미만)	보험기간 중에 자가용자동차(이륜자동차 제외) 운전 중 중대법규 위반 교통사고로 타인에게 상해를 입혀 피해자가 42일 미만의 치료를 요한다는 진단을 받고 자동차사고부상등급표의 부상등급을 받아 형사 합의금으로 지급한 금액을 매 사고당 피해자 각각에 대하여 약관에 정해진 금액을 한도로 지급	500만 원	20년/20세
갱신형 자가용운전자용 자동차사고변호사선임비용Ⅱ	보험기간 중 자가용자동차를 운전하던 중에 발생한 자동차사고로 타인의 신체에 상해를 입임으로써 다음 중 하나에 해당되는 경우 변호사 선임비용을 부담함으로써 입은 손해를 1사고마다 가입금액 한도로 지급(음주, 무면허, 도주 제외)	3,000만 원	20년/20세
갱신형 자가용운전자용 벌금(Ⅱ)	자가용자동차 운전 중 사고로 타인의 신체에 상해를 입임으로써 벌금 확정 시 1사고당 2,000만 원 한도로 지급 단, 「특정범죄가중처벌 등에 관한 법률」 제5조의13(어린이보호구역에서 어린이 치사상의 가중처벌)에 따른 벌금액 확정 시 1사고당 3,000만 원 한도로 지급	3,000만 원	20년/20세
갱신형 자가용운전자용 벌금(대물)	자가용자동차 운전 중 사고로 「도로교통법」 제151조(벌칙)에 따른 벌금형이 확정된 경우 1사고당 500만 원 한도로 지급	500만 원	20년/20세
		보험료 합계	12,620원

있던 2명이 사망했다고 가정해보자. 2016년 A보험사의 운전자보험과 2022년 B보험사의 운전자보험을 대입해보면 교통사고처리지원금, 벌금, 변호사 선임비용에서 큰 차이가 있다. 피해자 사망 시 유족과의 합의는 가해자 입장에서는 중요한 것이다.

2016년 운전자보험은 교통사고처리지원금에서 사망 시 인당 3,000만 원, 2022년은 1인당 2억 원을 지급받을 수 있다. 법원의 판례 기준으로는 사망 시 보통 1억 원 전후를 유족에게 지급하라고 한다. 벌금의 경우 2022년 보장 내용에서 어린이보호구역 사고에 따른 벌금까지 포함해 3,000만 원이 가능하다는 것이 2016년과 다른 점이다. 스쿨존 사고였다면 2016년 운전자보험에서는 보상되지 않는다. 변호사 선임비용도 2016년 500만 원보다 2022년의 3,000만 원이 훨씬 큰 도움이 될 것이다.

이렇듯 운전자보험은 현시대에 맞는 보상 범위를 유지해야 한다. 80세 만기, 100세 만기 상품으로 가입하면 안 된다는 말이다. 오래전 가입된 상품으로 현재 사고에 대응하려면 턱없이 부족하거나, 보상되지 않는 부분이 발생하기 때문이다. 「교통사고처리특례법」 또는 최근 개정된 「도로교통법」이 변경되거나 '민식이법'처럼 새로운 법이 추가되면 이런 내용들이 반영된 운전자보험으로 새로 가입해야 제대로 보장받을 수 있다.

운전자보험은 내가 타인에게 피해를 주었을 경우 해결해줘야 하는 보험으로, 결국 나를 지키는 보험이기도 하다. 하지만 이 고객의 운전자보험은 소소한 상해에 대해서는 도움받을 수 있어도 정작 중요한 운전자보험의 중요 보장으로는 보호받을 수 없다.

고객의 증권에는 본인의 상해사망 시 1억 원, 본인이 골절진단을 받으면 10만 원, 상해후유 시 5,000만 원, 다쳐서 80% 이상의 큰 장해가 생길 때와 깁스, 화상 등의 보장 내용들뿐이었다. 교통사고 시 형사적 처벌에 관련된 보장 내용은 없었다. 게다가 보통 1~2만 원 정도면 충분히 운전자 중요 보장들을 가입할 수 있는데 고객이 가입한 3만 원은 너무 비쌌다.

유지와 해약의 기준

중간에 해약하고 다시 새로 가입해야 하는 상품과 계속 유지해야 하는 상품을 알아둘 필요가 있다. 그러려면 상품의 중요도를 기억해야 한다. '실손의료보험＞암보험＞뇌혈관질환·허혈성심장질환＞수술비＞입원일당'이 핵심이다. 여기서 입원일당은 태아보험 또는 자녀보험에만 적용하면 된다.

먼저 지속적으로 오르는 실손의료보험은 꼭 필요한 보험이므로 갱신될 때마다 보험료 인상이 따르더라도 크게 부담되지 않는다면 끝까지 유지해야 하는 0순위 상품이다. 실손보험은 2009년 7월까지 1세대, 2013년 3월까지 2세대, 2021년 6월까지 3세대, 현재의 4세대 실손까지 분류되어 있다. 전체 보험금 중에서 실손보험은 가장 큰 마이너스 상품에 속한다. 그중 과거 실손보험은 본인 부담금도 적고 보장 영역도 넓어서 1, 2세대 실손보험료는 많이 인상되고 있는 추세이다. 하지만 그렇다고 무조건 예전 보험을 유지하기에는 오르는 보험료를 무시할 수 없다. 이 경우 기존 실손보험을 현재의 실손으로 전환하는 방법을 고려해볼 필요도 있다.

그다음 뒤를 잇는 것이 암보험과 뇌질환, 심장질환 보험이다. 중요한 3대 질환은 위험률이 높기 때문에 100세 보험으로 오랜 시간 유지할 비갱신형 보험을 핵심으로 유지하면 된다. 다만 연령에 따라 3대 질환은 20~30대 젊은 층일수록 가입금액이 높다.

20대에 1억 원의 암 진단금을 가입해두었다면, 50세 이후에는 신체 연령상 암에 대한 위험률도 젊을 때보다는 현저히 줄어든다. 발병률 자체는 50대가 높을 수 있지만, 나이가 젊을수록 암세포의 빠른 변형이나 순환으로 인해 20대가 훨씬 큰 암 진단금이 필요할 수 있다. 이 경우 1억 원의 암 진단금을 해약하지 않고 절반인 5,000만 원으로 줄일 수 있다. 부분 해약이 가능하기 때문이다. 수술비 보험과 입원일당 보험은 선택 사항이라고 할 수 있다.

앞서 말한 것처럼 운전자보험은 갈아타기를 할 수 있는 상품이기 때문에 끝까지 유지한다는 생각은 버려야 한다. 개정된 법은 곧 보험회사 상품에 적용된다. 치아보험도 지속적으로 유지해야 한다는 생각을 갖고 있는 고객들이 많은데 그 반대이다. 갱신형으로만 가능한 치아보험을 오랜 시간 유지하다 보면 갱신되는 보험료에 부담을 느끼게 된다. 보통 90일 이후 50% 보장, 2년 이후 100% 보장을 기억해서 임플란트, 브릿지, 크라운 등 주요 보장 중 필요한 부분을 설계하고 보장받은 후 해약하면 된다.

종합보험 하나면 다 될까?

적은 보험료로 많은 보장을 받고 싶은 것은 당연하다. 문제는 보험상품은 장점과 단점이 공존한다는 사실이다. 고객이 유리한 상품은 보험회사에 마이너스가 된다. 반대로 보험회사에 유리하면 고객의 보험료가 허투루 쓰일 수 있다. 보험회사와 고객 간의 균형을 시소처럼 맞추는 것이 보험설계의 핵심이다. 하지만 가끔은 고객에게 유리한 상품을 보험사들이 저렴하게 판매하는 기간이 있다. 이런 시기를 잘 잡는다면 고객도 유리한 상품으로 든든한 보장을 준비할 수 있다.

하나의 상품으로 실손, 진단금, 수술비, 입원일당 등 일상생활에서 경증부터 중증까지 일어나는 질병과 상해의 대부분을 보장하는 종합보험을 가입하는 고객들도 많다. 그래서 20만 원의 보험료가 가끔 버겁게 느껴져도 계속 유지하는 것이다.

이런 보험증권에서 많은 보장 내용 중 하나가 입원일당이다. 오래 입원해서 입원일당을 추가로 많이 받는 경우가 과거에는 종종 있었다. 하지만 현재는 중증 환자라도 더 이상의 병원치료가 필요하지 않으면 퇴원시킨다. 병실은 정말 응급으로 필요한 환자들을 대상으로 회전된다. 하루에 1만 원씩 입원일당을 받기 위해 5,000원 이상의 보험료를 납입하는 것은 합리적이지 못하다. 20년을 납입하면 무려 120만 원의 보험료를 내는 것인데, 과연 살면서 얼마나 오래 입원할까? 게다가 갱신되는 경우라면 1만 원의 입원일당을 받기 위해 1만 원 이상의 보험료를 납입하게 된다. 말 그대로 배보다 배꼽이 더 크다. 그런 보장은 과감하게 해약하는 것이 좋다. 보험 전체를 해약하지 않아도 일부 보장들만 별도로 삭제할 수 있다.

어떤 상품은 암 진단금이 저렴하고, 어떤 상품은 뇌와 심장 질환 진단금이 저렴하다. 수술비를 더 많이 보장해주는 상품이 있고, 입원일당만 저렴하게 가입할 수 있는 상품이 있다. 오히려 따로 나눠서 가입하면 20만 원짜리 종합보험보다 더 저렴한 보험료로 더 큰 보장을 챙길 수 있다. 왜 그런 결과가 생기는 걸까? 하나의 상품으로 사망, 암, 뇌, 심장, 수술비 등 거의 모든 보장을 받을 수 있는 만큼 위험률이 높게 설계되기 때문이다.

암, 뇌, 심장 질환 진단금은 위험률이 높은 편이다. A사에 암, B사에 뇌와 심장, C사에 수술비로 나눠서 가입하면 위험률이 한정적일 수 있다. 그런데 종합보험은 한 곳의 보험사에 집중적으로 손실률을 줄 수 있기 때문에 보험료가 비쌀 수밖에 없다.

종합보험의 또 다른 문제점은 고객이 정말 경제적으로 힘들 때 전체를 해약해야 한다는 것이다. 분산해서 가입했다면 일부분은 유지할 수 있지만 하나의 보험료라면 통째로 해약할 수밖에 없다. 이렇듯 오랜 기간 유지해야 할 보험을 하나의 상품으로 묶을 필요 없다. 각 상품의 특징에 맞는 보험료를 합리적으로 찾는 것이 고객을 위한 보험이다.

보험을 가입할 때 고객의 성향도 반영해야 한다. 중간에 보험을 자주 리모델링하는 경우라면 굳이 비갱신형으로 가입할 필요 없다. 오히려 갱신형 보험으로 가입하는 것이 더 합리적이다. 하지만 실손보험 청구를 자주 하는 고객은 갱신이 거절되거나, 갱신된다 하더라도 보험금 청구력으로 인해 보험료가 올라간다. 이렇듯 보험의 구조와 보험료는 고객과 설계사가 꼼꼼하게 의논해야 한다.

유지할 수 있는 보험료와 납입할 수 있는 보험료 구간을 정하라

보험 나이를 정해라

상해는 아무도 예측할 수 없다. 어느 날 갑자기 뜻하지 않게 다칠 수 있다. 계단을 내려가다 발목이 삐끗하거나, 산을 오르다 넘어지는 일도 흔하다. 교통사고는 더욱 예측하기 힘들다. 일상에서 충분히 겪을 수 있는 가벼운 사고는 실손의료보험과 자동차보험, 단체보험, 산재보험 등으로 대부분 보장받는다.

그런데도 상해보험이 꼭 필요한 직업이 있다. 금속에 열을 가하는 용접산업기사, 도로나 철도·교량·하천 등의 건설공사에 종사하는 토목기사, 금속 및 합금을 제조하거나 가공하는 방법을 개발하는 금속공학기술자 등은 현장에서 다칠 위험이 높다. 이런 일을 하는 사람들을 상해보험으로 사망, 후유장애, 수술비 등 가족과 본인을 위한 보장을 준비해둘 필요가 있다. 언제까지 보장받을지는 고객마다 다를 수 있다. 자녀가 스무 살 성인이 될 때까지, 혹은 대출금을 상환할 때까지, 퇴직할 때까지 등 각자의 상황에 맞게 시기를 정하면 된다. 그것이 보험 나이다.

반대로 질병은 어느 정도 가늠할 수 있다. 치매에 걸릴 확률은 적어도 60대 이상부터다. 20~30대에도 없지는 않지만 드물다. 여기서 고려할 점은 60대에 치매보험을 가입하면 위험률이 높기 때문에 보험료도 비싸다는 것이다. 현재 납입하는 보험료가 부담스럽지 않다면 치매보험을 미리 준비하는 것도 좋다.

암 진단 역시 10~20대에 걸릴 확률보다 40대 이상의 비중이 훨씬 높다. 하지만 암은 태아보험부터 설계하는 주요 항목이다. 소아암도 있기 때문에 미리 준비해둘 필요는 있다.

보험에도 데이터가 적용되므로 보험을 가입할 때는 이런 사항들을 반영해서 연령에 맞는 보험을 선택한다. 이를테면 실손의료보험은 남녀노소를 불문하고 꼭 필요한 국민보험이다. 그 외에 선택적인 보험 중 대표적인 것이 사망보험금이다. 다만 가족에게 남기려는 사망보험금의 시기를 정하는 문제는 각 가정마다 다르다. 보험료가 조금 높더라도 만기를 제한하지 않고 보장을 원한다면 종신보험을 가입하면 된다. 반대로 합리적인 보험료로 사망보험금을 가족에게 많이 남기고 싶다면 10년, 20년, 25년 등 종신보험에 비해 훨씬 짧은 기간을 정할 수 있는 정기보험을 선택하면 된다.

2020년은 천정부지로 오른 집값 때문에 영혼을 끌어 모아서라도 집을 사려는 30대들이 많았다. 그렇게 대출금과 생활비, 통신비, 교통비, 식비까지 돈 쓸 일은 계속 늘어난다. 오르지 않는 것은 월급뿐이라는 말은 직장인들 사이에서 해마다 나오는 말이다. 이런 상황에서 생활비를 쪼개 보험료를 납입하기는 쉽지 않은 일이다. 그렇다고 아프지 않을 거라는 확신도 없으니 울며 겨자 먹기로 가입하는 사람도 있다.

그런데 경제적 상황에 비해 많은 보험료를 내는 사람들이 의외로 많다. 처음에는 분명 10만 원이었던 보험료가 20만 원, 30만 원이 되어간다. 친구가 뇌졸중으로 쓰러졌다는 말에 갑자기 뇌질환이 걱정되어 보험을 더 가입한다. 남편이 어느 날 고혈압약을 먹게 되자 남편의 건강이 신경 쓰여 보험을 추가한다. 이렇게 주변에서 들리는 이야기들이 마음을 불안하게 만든다.

이렇게 저렇게 필요할 것 같아서 하나씩 가입하다 보면 어느새 많이 늘어나 있다. 결국 어떤 보험은 해약해야 하지 않을까 또다시 생각하게 된다. 보험이 무질서하다는 뜻이다. 충동적으로 보험을 가입하면 결국 계속 유지할 수 없게 된다.

한번 보험에 가입하면 무던히 끝까지 납입하는 고객도 있지만 그렇지 않은 경우가 훨씬 많다. 가입할 당시에는 20년, 30년 납입이 너무 길어서 짧게 끝내고 싶다. 한 살이라도 젊을 때 보험료를 완납하고 나이 들면 보장받아야지 하는 생각이다. 문제는 똑같은 보장 내용을 20년, 30년 납입으로 설정했을 때보다 10년 납입으로 줄이면 보험료는 당연히 올라간다는 것이다. 무리하게 짧은 납입기간은 보험료 부담을 높여서 해약할 가능성이 높아진다.

꼭 기억해야 할 사항은 실손의료보험은 만기 때까지 지속적으로 보험료를 내야 한다는 사실이다. 더 중요한 것은 갱신주기마다 보험료가 인상된다는 점이다. 일반적인 보험처럼 납입기간이 정해져 있지 않고 갱신주기만 다를 뿐이다. 그런데 아무리 필요한 실손의료보험이라고 하더라도 유지하기 힘들 만큼 보험료가 오르면 부담이 될 수밖에 없다. 그럴 때 다른 보험들을 어떻게 할지를 고민해봐야 한다. 실손의료보험을 주축으로 나머지 중요한 보험들의 유지 시기와 납입기간을 결정하는 것이다.

고정비용에서 가장 중요한 건 보험이다

보험료는 매달 고정으로 나간다. 그래서일까? 너무 빠듯한 생활비에서 뭘 줄일까 고민할 때 가장 먼저 떠오르는 것이 보험료다. 경제적 상황이 힘들어지면 가장 먼저 해약하거나 줄이는 1순위다. 문제는 경제적으로 여유가 없는 사람들에게 보험이 필요한 순간이 찾아올 확률이 더 크다는 것이다. 아프지 않고 살 수만 있다면 보험은 없어도 되는 항목이다. 하지만 현실은 그렇지 않다.

가장 중요한 것이 '건강'이라는 것은 알고 있지만 바빠 살아가다 보면 관리하기가 쉽지 않다. 그런데도 보험이 고정비용에서 가장 마지막에 고려되거나 부담으로 여겨진다면 100세 시대에 오늘만 사는 인생이라고 할 수 있다.

보험이 완전해야
하는 이유

보험은 인생관리비

임신하면 가장 먼저 가입하는 것이 태아보험이다. 의무나 강제
는 아니지만 대부분 가입하는 편이다. 아이가 건강하게 자라면 좋
겠지만 혹시 모를 선천적 질환과 출생 후 생길 수 있는 여러 질병
들과 상해를 대비하기 위해서이다. 10년 전 인연을 맺게 된 고객
의 자녀도 출생 후 선천적 장애로 뇌병변 진단을 받았는데, 임신
중에 가입해둔 태아보험에서 후유장애와 진단금으로 3,000만 원
을 받았다.

시설물을 사용하고, 쓰레기를 처리하고, 엘리베이터를 이용하
는 등 사람이 사용하는 모든 공간을 유지하는 데는 관리비가 든다.
사람은 태어나면서부터 죽을 때까지 돈이 필요하다. 가장 기본적

인 의식주부터 의료비, 통신비, 생활비 등 사람이 살아가는 과정 전체가 관리비로 시작해서 관리비로 끝난다고 해도 과언이 아니다.

살아가면서 병원을 한 번도 가지 않는 사람이 과연 있을까? 3개월 전쯤 보험 리모델링 상담을 했던 40대 여성 고객의 말이 기억난다. "남편이 아무리 아파도 병원을 안 가려고 해요. 끙끙 앓는 걸 보고 있으면 답답해서 속이 터질 지경이에요." 더구나 남편은 보험을 가입하는 것마저 반대한다는 것이다. 오히려 남성들이 병원을 더 두려워하는 경우가 많다. 하지만 이런 경우 병을 키우게 마련이다. 간단하게 치료할 수 있는 것을 치료 시기를 놓쳐 몸을 더 혹사시키고 후유증까지 생기는 것이다. 어느 날 정말 큰 질병에 걸린다면 혼자만의 문제가 아니다. 오히려 가족을 더 힘들게 할 수 있다.

반려견도 관리받는 보험

반려견, 반려묘와 함께 살아가는 세상이라고 해도 과언이 아니다. 강아지 한 마리를 키운다는 것은 자식을 돌보는 것과 같다고 말하기도 한다. 그래서 펫보험을 가입하는 사람들이 많다. 함께 사는 강아지가 아플 때를 대비하는 것이다.

2년 전 딸아이가 키우던 반려견이 아파서 심야에 동물 병원에 간 적이 있다. 신기한 것은 강아지 한 마리, 고양이 한 마리에 보호자는 최소 2명, 기본적으로 3명 이상 동반한다는 사실이다. 담석 제거 수술을 받은 강아지의 보호자는 매일 면회 온다고 했다. 1~2시간이 아니라 4~5시간을 머물면서 강아지를 쓰다듬고 안쓰러워

한다. 심지어 물도 손에 찍어 강아지 혀에 대줄 정도로 지극 정성이었다. '개 팔자가 상팔자'라더니 과연 사람이 아파도 저렇게 해줄 수 있을까 하는 생각에 피식 웃음이 났다.

펫보험은 견주들의 공통 관심사이자 화제다. 2021년 1월 한국경제 뉴스가 기억난다. 두 살짜리 말티즈는 펫보험 가입 3개월 후 교통사고로 인해 몇 번의 수술을 받고 병원비로 736만 원을 지불했다. 3개월 동안 총 12만 원 정도의 보험료를 납입하고 받은 보험금은 465만 원이었다. 펫보험에 가입하지 않았다면 736만 원 전부 견주의 몫인 것이다.

노후를 지키는 보험

의료계는 생각보다 더 빠르게 발전하고 있다. 언젠가는 '암'도 정복될 것 같다. 치매도 완치되는 날이 오지 않을까 하는 기대도 하게 된다. 그만큼 고가의 비급여 치료들도 많아지고 있다.

질병의 종류도 많지만 치료법도 다양하다. 저렴하지만 긴 시간 고통스럽게 치료받는 것보다, 비싸더라도 짧은 시간 고통 없이 치료받고 싶은 마음은 누구나 같을 것이다. 문제는 가입한 보험이 얼만큼 보장해주느냐 하는 것이다.

100세 시대를 맞아 보험도 100세 만기가 당연하게 느껴진다. 110세 이상의 보험도 출시되어 있다. 오래전 보험을 가입해둔 고객들은 70세나 80세 만기가 많다. 그런 고객들은 대부분 만기가 짧다고 말한다. 내 생각도 그렇다. 50대에 아플 확률보다 70대나

80대에 아플 확률이 훨씬 높다. 유병장수 시대가 곧 100세를 의미한다고 볼 수 있다.

어느 날 갑자기 병이 난 부모에게 경제적으로 도움을 줄 수 있는 자식은 많지 않다. 외동아들, 외동딸은 오롯이 혼자 부모의 의료비를 감당해야 한다. 보험이 잘 준비된 부모가 병원에 갈 일이 생긴다면 마음의 걱정은 있어도 경제적인 걱정은 하지 않는다. 하지만 반대인 경우는 오히려 가족 간에 갈등이 생길 수 있다. 경제적인 부담에 아픈 사람보다 돈 걱정이 먼저다. 자식에게 경제적으로 기댈 수 없는 상황에서 보험은 반드시 준비해야 하는 필수 요소이다.

은퇴는 빨라지고, 노후는 길어졌다. 의료계의 발전으로 치료하는 것 자체는 문제가 아니다. 준비된 사람과 준비되지 않은 사람이 있을 뿐이다.

사람은 태어나서 부모님 혹은 보호자의 보살핌을 받으며 성장한다. 스무 살이 되면서부터 성인으로서 모든 책임을 져야 한다. 그중에 가장 중요한 것이 바로 '건강관리'다. 인생에서 건강을 빼면 남는 것이 없다는 말에 공감한다. 그렇게 중요한 건강과 직결된 인생관리비 항목 0순위는 보험이다.

보험증권의
허점을 찾아라

갱신형 보험 확인하기

보험 리모델링을 위해 고객들을 만나다 보면, 이전에 가입한 보험증권을 끝내 찾지 못하는 고객들이 많다. 보험증권을 잘 보관해야 하는 이유가 있다. 실손의료보험을 포함해 갱신형 보험은 갱신주기(1년, 3년, 10년, 15년 등)마다 보험료가 인상되기 때문에, 가입 시 보험료와 비교해서 언제까지 유지할지 결정해야 할 때 필요하다.

3년 전쯤 보험 리모델링을 문의한 50대 남성 고객은 대부분 갱신형 보장만 가입되어 있었다. 증권을 보관하지 않고 있던 고객은 처음 보험료를 기억하지 못했다. 그런데 매달 통장에서 이체되는 보험료가 너무 많다는 생각에 보험 리모델링을 결심했다. 각 보험회사에 전화해서 증권을 모두 팩스로 받았다. 3년마다 보험료가 인상되는 항목이 많아 10년 만에 11만 원 이상 올라 있었다. 보험료 인상 때마다 우편으로 받았던 안내장도 전혀 눈여겨보지 않아 그렇게 많이 인상된 것을 전혀 몰랐다는 것이다.

대부분 나이에 맞는 보장금액을 합리적으로 보장받기 위해 갱신형 보험을 선택한다. 문제는 보험료는 인상되어도 보장 한도까지 함께 올라가지는 않는다. 앞으로 보험료는 더 오를 것이다. 말 그대로 배보다 배꼽이 더 커지는 것이다.

갱신형 보험은 납입할 수 있는 보험료를 기준으로 기간을 정해야 한다. 3년마다 갱신되는 100세 만기 보험이라면 3년을 주기로 보험료가 인상된다. 처음 1만 원이던 보험료가 20만 원, 30만 원, 그 이상이 된다면 100세 만기는 의미가 없다. 그래서 보험 수첩을 만들어놓고 인상된 보험료를 메모해 불필요한 지출을 막아야 한다.

적립보험료는 많을수록 좋다?

15~20년 전만 해도 보험 만기가 70세, 80세인 상품들이 많았다. 대부분 보장이 끝나는 만기 때 돌려받는 환급형 상품을 선호했다. 보장금액이 적더라도 환급받는다는 사실에 마음이 편했다. 하지만 100세로 바뀌면서 만기환급형에 더 이상 연연하지 않는다.

매달 내는 보험료는 보장보험료와 적립보험료가 포함되어 있다. 예를 들어 암보험이라고 하면 암보장에 대한 위험률을 계산한 것이 보장보험료다. 고객의 연령, 성별, 보험사에서 보는 위험 요소와 의료수가 등을 포함해 위험보험료를 측정하는 기본값이 된다.

적립보험료는 100세면 100세, 90세면 90세로 만기까지 생존했을 때 적립해두었던 보험료를 환급받는 것이다. 60세 고객이 100세 만기 보험을 가입해서 20년간 보험료를 납입한다면 80세에 보험료 납입이 끝난다. 그리고 100세 만기까지 생존하면 고객이 적립보험료로 납입해두었던 보험료를 돌려받을 수 있다. 간혹 보험설계사가 보험수당을 높이기 위해 적립보험료를 많이 올리는 경우도 있기 때문에 꼭 확인해야 한다.

최근에 보험 리모델링을 의뢰한 고객의 증권을 예로 들어보자. 총보험료가 10만 원인 주택화재보험에서 보장보험료는 채 1만 원이 되지 않는다. 주택에 화재가 발생했을 때 배상받는 보장보험료는 1만 원이고 나머지 9만 원은 적립보험료였다. 10년을 납입하는 동안 매월 9만 원씩 보험회사에서 적립해두었다가 10년 후 보험 만기가 끝났을 때 고객에게 적립보험료를 환급해준다는 것이다.

그렇다면 이자를 붙여서 돌려주는 것일까? 전혀 그렇지 않다. 차라리 9만 원씩 매월 은행이나 연금에 추가납입을 했더라면 분명히 이득이 생겼을 것이다. 그렇다면 매월 10만 원의 주택화재보험은 누구를 위한 보험일까? 보험설계사의 수당과 보험회사에 도움이 되는 것이다.

20년 납입하고 100세까지 보장받는 상품이라고 해보자. 결국 적립보험료를 받기 위해서는 100세 만기까지 고객이 반드시 생존해야 한다. 최소한의 보장보험료로 미래를 대비하는 합리적인 보험을 만들 필요가 있다.

| 화재보험 담보 내역 |

담보가입현황	가입금액	보험료 (원)	납입기간 / 보험기간
상해사망	1,000만 원	150	10년 납 10년 만기
가족화재벌금	2,000만 원	11	10년 납 10년 만기
20대 가전제품 고장수리비용	100만 원	4,048	10년 납 10년 만기
[공제]20대 가전제품 고장수리비용	2만 원	–	10년 납 10년 만기
7대 문화용품 고장수리비용	100만 원	5,000	10년 납 10년 만기
[공제]7대 문화용품 고장수리비용	2만 원	–	10년 납 10년 만기
화재손해(건물)	1억 2,000만 원	1,560	10년 납 10년 만기
화재손해(가재)	5,000만 원	650	10년 납 10년 만기
화재사고 폐기물 운반 및 매립·소각 등 비용(주택)	1,700만 원	204	10년 납 10년 만기
급배수시설누출손해(자기부담금 10%)	500만 원	2,299	10년 납 10년 만기
붕괴, 침강 및 사태손해	1억 7,000만 원	2,550	10년 납 10년 만기
화재 임시거주비(1일 이상)	10만 원	228	10년 납 10년 만기
붕괴·침강 및 사태 임시거주비(1일 이상)	10만 원	5	10년 납 10년 만기
도난손해(일반가재)	300만 원	162	10년 납 10년 만기
도난손해(명기가재)	200만 원	354	10년 납 10년 만기
주택(화재 및 붕괴 등) 복구비용지원	2,400만 원	720	10년 납 10년 만기
주택 가재도구(화재 및 붕괴 등) 복구비용지원	1,500만 원	550	10년 납 10년 만기
화재(폭발 포함) 배상책임(대물 1사고당)	20억 원		
화재(폭발 포함) 배상책임(부상 1인당)	2,000만 원	48	10년 납 10년 만기
화재(폭발 포함) 배상책임(사망 및 후유장애 1인당)	1억 원		
	보장성 보험료		9,330원
	적립보험료		90,670원
	보험료 합계		100,000원

보장 내용과 보험료가 함께 기재된 증권이 좋다

신규 가입 시 설계사에게 받는 제안서는 계약 이후에 재발행되지 않을 수 있으니 반드시 보관해두는 것이 좋다. 보험 가입 후 받는 보험증권에는 담보명은 기재되어 있어도 보험료가 없는 경우가 많기 때문이다. 요즘은 모바일 청약이 늘어나 종이서류를 아예 발급하지 않기도 한다. 물론 모바일로 잘 보관해두면 좋지만 핸드폰을 바꾸거나 PC에 보관해두었다가 무심코 삭제하는 경우도 많으니 증권과 약관은 꼭 종이서류로 보관할 것을 추천한다.

장기간 유지하는 동안 필요한 보험을 추가하거나, 보험 리모델링을 하거나, 보험료 부담으로 보장 내용을 변경하려고 할 때 기존 가입된 보장 내용과 보험료가 중요한 역할을 한다. 급변하는 보험 시장에서 많은 상품을 비교할 때 기본적인 자료는 처음 가입해둔 보험이다. 그것을 보고 고객의 상황을 이해하는 것이다. 보험증권을 잘 보관해두었다면 설계사도 고객의 꼼꼼함과 관심에 더 집중하기 마련이다.

| 제안서 |

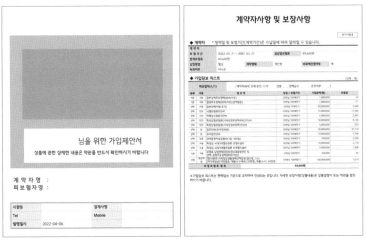

| 청약서 |

가입 목적을
분명히 하라

무슨 보험인지 확인하라

"2년 동안만 보험료를 내면 그 후로는 안 내도 된다고 했어요. 그리고 나중에 연금으로도 받을 수 있다고 해서 들었어요." A고객의 말이다. 3년 전 가입했던 유니버셜종신보험에 대한 설명을 고객은 그렇게 기억했다. 하지만 유니버셜종신보험은 2년 이후 보험료를 내지 않는다면 기존 납입한 보험료에서 사업비가 계속 소진되기 때문에 어느 날 보험이 강제 해지될 수 있다. 고객은 그런 설명을 듣지 못했다고 한다.

B고객의 증권을 보고 "고객님이 가입하신 내용은 사망보험금으로 가입된 종신보험이에요"라고 설명해주었다. 하지만 B고객은 이해하지 못했다. "설계사가 분명히 연금이라고 했어요. 나중에

연금으로 받는 금액까지 알려줬는데."

　A고객과 B고객 모두 설계사의 불완전한 설명으로 전혀 다르게 이해하고 있었다. 물론 고객의 말만 들으면 설계사의 잘못이다. 하지만 보험설계사가 잘못했다 하더라도 가입 이후는 고객의 책임이다. 다행히 2021년 3월 25일부터는 이러한 내용을 보완하기 위해 「금융소비자보호법」이 적용되었다. 고객은 보험상품에 대한 핵심 설명서를 제공받는다. 판매 규제에 위반되는 것을 고객이 인지하면 그로부터 1년, 계약일로부터 5년 이내에 계약해지를 요구할 수 있는 제도다. 「금융소비자보호법」의 주된 내용은 6대 판매 규제이다. 적합성 원칙, 적정성 원칙, 설명 의무, 불공정행위 금지, 부당권유 금지, 허위나 과장광고 금지를 말한다. 설계사는 고객에게 완전판매를 해야 하므로 정확한 설명은 필수다.

　법적인 문제가 아니더라도 보험상품에 대한 정확한 이해는 반드시 필요하다. 설계사가 얼버무리거나 얼렁뚱땅 넘어가지 않도록 확인해야 한다. 상품을 판매하기에 급급한 설계사의 설명은 실제 내용과 정반대로 흘러갈 수 있다.

　연금이면 연금에 유리한 상품이 있다. 사망이면 사망에 맞는 상품이 있다. 진단금, 수술비 등 목적에 맞는 상품을 선택해야 한다. 이것도 좋을 것 같고 저것도 좋을 것 같다고 하면 결국 적당한 상품을 골라달라는 말처럼 들린다.

　정체성 없는 보험은 보험금을 타야 할 상황에서 문제가 생긴다. 세상에 불필요한 보험은 없다. 나쁜 보험 또한 없다. 보험을 선택하는 기준과 보험을 이해하는 해석이 다를 뿐이다.

가입할 때 고민해야 될 것

보험은 첫 번째 가입이 가장 중요하다. 기본 틀이 잘 잡힌 보험은 연령이나 시대적 이슈에 따라 필요한 보험 정도만 저렴하게 추가하거나 삭제하면서 보험료를 탄력적으로 운영할 수 있다.

| 2008년 A보험사 담보 내용 |

계약일	2008년 6월 17일	계약 기간: 2008년 6월 17일~ 2071년 6월 16일	
만기일	2071년 6월 17일		
가입담보	보장상세(지급조건)	보험 가입 금액	납기/만기
······	······	······	······
암진단특약	• 암 진단 시: 최초 1회 한 • 기타 피부암 진단 확정 시: 최초 1회 한 • 상피내암 진단 확정 시: 최초 1회 한 • 경계성종양 진단 확정 시: 최초 1회 한	3,000만 원 300만 원 300만 원 900만 원	20년/80세
질병입원특약	• 주요질환 진단 후, 그 질환 치료를 직접 목적으로 4일 이상 계속 입원 시(3일 초과 1일당, 120일 한도) • 주요질환 이외의 질병으로 그 치료를 직접 목적으로 4일 이상 계속 입원 시(3일 초과 1일당, 120일 한도)	15만 원 3만 원	20년/80세
질병수술특약	질병으로 그 치료를 직접 목적으로 수술 시	90만 원	20년/80세
일반사망특약	사망(80% 이상 장해) 시	3,000만 원	20년/80세
가족소득 보상특약	• 재해로 80% 이상 장해 시 최초 1회 • 매월 120회 확정 • 재해로 50% 이상 80% 미만 장해 시 • 매월 120회 확정	5,000만 원 400만 원 2,500만 원 100만 원	20년/80세
재해의료비 특약	• 재해로 그 치료를 직접 목적으로 4일 이상 계속 입원 시(3일 초과 1일당, 120일 한도) • 재해로 그 치료를 직접 목적으로 수술 시	3만 원 90만 원	20년/80세
		보험료 합계	61,100원

2022년 3월에 보험 리모델링을 의뢰한 고객의 증권을 보면 2028년이면 납입도 끝나기 때문에 6년 정도밖에 남지 않았다. 80세 만기여서 100세 기준으로는 아쉬울 수 있지만 고객의 연령이 31세이므로 80세도 결코 짧은 기간이 아니다. 게다가 갑상선암도 100% 암 진단금 3,000만 원이 보장되기 때문에 여성 고객에게는 훨씬 유리하다. 질병수술특약도 현재 수술비 보장금액이 많이 줄어든 상황을 감안하면 거의 모든 수술비에 대해 무조건 90만 원을 받을 수 있다는 것이 큰 장점 중 하나이다. 고객의 어머니가 가입해둔 첫 보험이라고 했다. 최근 보험료를 31세 고객이 물려받았다. 이 상태에서 고객은 부족해 보이는 암 진단금, 뇌혈관·허혈성 진단금만 30년 납 100세 만기 6만 원대로 저렴하게 가입할 수 있었다. 처음 가입된 보험의 장점으로 인해 고객은 탄탄한 보험으로 리모델링했다.

　　나는 2006년 보험을 시작하면서 가장 먼저 가입해둔 보험이 실손의료보험과 암보험이었다. 암보험은 당시 만기가 80세였다. 문제는 납입기간이었다. 중도에 암 진단을 받으면 보험료를 내지 않아도 되는 납입면제 상품이었기 때문에 납입기간을 길게 설정해야 보험료도 절감할 수 있었다. 결국 80세까지 납입하면서 80세까지 보장받는 것으로 가입했다. 한 살이라도 젊은 시절에는 암 진단금이 많이 필요하다. 나이가 들면 진단금을 감액하면서 보험료를 줄일 수 있기 때문에 다른 특약에 속하는 암입원비, 암통원비, 암수술비, 항암방사선치료비 등은 가입하지 않았다. 결국 순수 암 진단금만 받을 수 있는 암보험인 것이다.

보험 상담을 해보면 고객의 가장 큰 고민 중 하나가 보험료다. 28세 여성 고객은 앞으로 20년, 30년간 사회생활을 할 확률은 높지만 한 회사에서 그만큼 버틸 수 있을지, 혹은 이직하거나 실업 상태가 되면 보험료를 내지 못하는 공백 기간이 생길 수도 있다는 생각까지 한다. 그리고 보험료는 얼마로 할지 고민한다. 암보험, 치아보험, 정기보험, 종신보험, 저축보험, 수술비보험 등 각 보험의 성격을 고민하지는 않는다. 보험의 성격은 곧 보험의 목적이다. 유지하는 동안 보장 내용을 줄이는 감액이 가능한지, 추가 보장이 가능한지, 납입면제가 되는지, 납입기간을 줄일 수 있는지 등 상품 내용을 확인해야 한다.

종신보험을 가입하면서 다른 특약들을 많이 추가하면 보험료도 커질뿐더러 종신보험의 특징이 사라진다. 더 이상 사망보험금이 필요하지 않다는 생각에 해지하려고 해도 특약들 때문에 어쩌지 못한다.

다음은 2021년 보험 리모델링을 요청한 고객의 증권이다. 당시 55세 남성 고객의 자녀는 모두 성인이 되어 사망보험금 7,000만 원은 더 이상 필요하지 않은 상태다. 암 진단금과 각종 수술비가 저렴하게 잘 가입되어 있다. 특히 암으로 수술하면 처음 수술비를 무려 3,000만 원이나 받을 수 있다. 현재 보험업계 암수술비의 한도가 아무리 높아도 1,000만 원 이상 가입하기 힘든 데다 보험료도 비싼 편이다. 그런데 3,000만 원의 암수술비는 암 진단금만큼 큰 보

| 2003년 S보험사 담보 내용 |

계약일자	2003년 04월 24일	계약기간: 2003. 4. 24.	
만기일자	9999년 12월 31일	~9999. 12. 31.	
가입담보	보장상세(지급조건)	보험 가입 금액	납기/만기
……	……	……	……
주보험	피보험자가 보험기간(종신) 중 사망 또는 제1급 장해 시	7,000만 원	20년/종신
무재해 상해특약	재해로 제2급~제6급 장해 시	1억 원	20년/52세
무상해 치료특약	재해로 입원을 동반한 재해수술을 받았을 때(1회당)	1,000만 원	20년/52세
무수술 보장특약	약관상 수술분류표에서 정한 수술 시(1회당)	2,000만 원	20년/42세
무신암 진단특약	최초 암으로 진단 시(1회 한)	2,000만 원	20년/42세
무특정 입원특약	암, 4대 성인병으로 4일 이상 계속 입원 시 3일 초과 1일당(120일 한)	1,000만 원	20년/42세
무배당 입원특약	질병, 재해로 4일 이상 계속 입원 시 3일 초과 1일당(120일 한)	2,000만 원	20년/52세
무재해 사망특약	재해로 사망 또는 제1급 장해	3,000만 원	20년/52세
무특정 질병특약	암, 뇌출혈, 급성심근경색증으로 진 단 확정 시(각 1회 한)	3,000만 원	20년/42세
무암 치료비특약	암으로 진단 확정되고 수술 시 최초 암수술 시(각 1회 한)	3,000만 원	20년/42세
		보험료 합계	137,100원

장이다. 불필요해 보이는 특약은 입원 관련이지만 그나마도 납입
이 2022년 11월이면 끝난다. 주보험인 사망보험금만 없애고 싶어
도 의무계약이라 아예 없애는 것은 불가능하다. 감액은 가능하지

만 그 경우 특약도 함께 줄여야 한다는 콜센터의 답변을 들었다. 유지하는 것이 좋을 것 같다는 의견이었다. 13만 7,100원의 보험료는 올 하반기면 납입이 끝난다. 오랜 시간 납입했기 때문에 해지환급금도 높은 편이지만 아까운 보장 내용들 때문에 유지하기로 결정했다. 사망보험금만 따로 가입되어 있었다면 좋았을 것이다. 고객의 건강과 밀접하게 관련된 주요 특약은 잘 가입되어 있었다.

가족 내에서
내 위치 파악하기

보험을 관리해줄 가장이 필요하다

20~30대 고객들의 보험 리모델링에서 가장 흔히 듣는 말은 "부모님이 가입해주셨다"는 것이다. 자녀가 경제적으로 독립하거나 결혼하면 부모에게 보험을 이어받는다. 전혀 관심 없었던 보험료를 자녀가 직접 납입하게 되면 보험료가 부담스럽다.

5인 가족이면 5인, 3인 가족이면 3인 모두 각각 보험을 가입하는 경우가 보편적이다. 하지만 구성원 모두 보험에 관심을 보이는 경우는 거의 없다. 보험의 중요성과 가치를 알고 잘못된 보험을 바로잡고 싶다는 생각을 하는 사람은 거의 한 명에 불과하다. 물론 가족 누구도 보험에 관심이 없는 경우도 있다. 보험에 주도적인 사람이 보험을 관리하는 것이 맞다. 하지만 보험료를 납입하는 사람과 의견 조율이 반드시 필요하다.

5인 가족 중 첫째 딸이 보험 리모델링을 의뢰한 적이 있다. 20대 후반의 첫째 딸은 동생들과 부모님까지 가족들의 보험증권을 보내왔다. 두 차례 만나 상담을 진행한 후 리모델링을 진행하기로 결정했다. 하지만 결국 본인 보험만 리모델링하는 데 그쳤다. 부모님과 동생들은 보험에 전혀 관심이 없었다. 보험료 역시 각자 납입했기 때문에 첫째 딸의 생각으로 보험 리모델링을 진행하기가 불가능했다.

가장이 보험에 관심이 있는 경우는 가족들과 마찰을 빚을 일이 별로 없다. 하지만 자녀가 가족을 이해시키고 설득해서 보험에 참여하게 하는 일은 생각보다 쉽지 않다. 긴 시간 납입해야 하는 보험의 특성상 모두가 함께 고민하고 협력하는 것이 중요하다.

가족이 참여하는 보험은 다르다

보험이 대중적이지 않던 시절부터 보험에 관심을 두는 사람도 있었고, 보험이 보편화된 지금도 보험에 관심을 두지 않는 사람이 있다. 가입된 보험이 많다고 좋은 것도 아니고, 없다고 나쁜 것도 아니다. 중요한 것은 보험이 필요한 세상이라는 것이다. 건강을 장담할 수 없고, 전 세계적인 전염병이 더 이상 특별한 이야기도 아니다. 황사는 자연스럽게 받아들인 지 오래다. 보험과 건강은 하나의 문제라고 해도 과언이 아니다. 대비가 필요하다는 말이다.

각각의 집안마다 보험 문화가 있다. 나도 우연한 계기로 시작한 보험으로 인해 가족 모두가 큰 도움을 받았기 때문에 "보험 일을 안 했으면 어땠을까"라는 생각을 가끔 한다. 당시 보험 가입을 가족들이 거부했거나 협조하지 않았다면 어땠을까? 지금도 가족들은 보험 일을 하고 있는 나를 자랑스럽게 생각한다.

　스포츠에는 다양한 포지션이 있다. 수비, 공격, 골키퍼, 포수, 투수 등 각자의 역할이 있다. 보험도 마찬가지다. 보험을 알아보는 사람, 보험료를 납입하는 사람, 보험 대상자, 보험을 계약하는 사람 등 역할이 생기게 마련이다. 물론 보험료 납입에는 여러 경우의 수가 생긴다.

　고객들과 상담하면서 자주 하는 말이 있다. "고객님께서 이렇게 가족들을 위해 보험을 알아보시고, 신경 쓰시는 것은 가족을 위한 선물입니다." 나는 그렇게 생각한다. 힘들고 하기 싫은 일도 가족이기 때문에 하는 것이다. 보험은 정성을 들이는 만큼 설계가 달라지기 마련이다. 제대로 보장받을 수 있는 보험을 가입하기 위해서는 관심을 가져야 한다.

가족력,
현재 건강 상태

고집스러운 보험은 노(No)

"혈압약만 반 알 먹어요. 안 먹어도 된다고 했는데 혹시 몰라 예방 차원에서 먹는 거예요." "혈압약 먹으면 정상이라 지금은 안 먹어도 되는데 의사가 먹으라고 해서 먹어요." "혈당이 조금 높아서 당뇨약만 먹고 다른 건 전혀 안 먹어도 건강해요." 고혈압과 당뇨약을 복용하는 고객들의 말이다. 정말 건강하면 약을 복용할 일이 없을 것이다. 혈관질환은 단순히 생각할 질병이 아닌데도 고객들은 가볍게 말한다.

보험 가입을 고려할 때 가장 중요한 것이 고객의 현재 건강 상태다. 보험회사는 고객에게 최근 5년 이내의 건강 상태를 물어본다. 보험회사의 질문에 고객은 답해야 한다. 이런 절차를 보험에서는 '알릴 의무'라고 표현한다. 고객의 답변이 보험 가입 여부에 영향을 미치기도 한다. 예를 들어 보험회사에서 손해율이 높다고 생각되는 병력을 고객이 말했다면 가입을 거절할 수 있다. 혹은 3~5년간은 치료했던 부위를 보장해주지 않는 부담보 조건으로 인수, 혹은 보험료를 할증하는 조건으로 가입받기도 한다.

보험은 건강할 때 미리 가입해두어야 한다. 하지만 건강에 이상 신호가 나타나서야 보험을 알아보는 사람들이 많다. 고지혈증, 당뇨, 고혈압 등의 만성질환으로 약을 복용하는 고객들은 부모님도 같은 약을 복용하는 사례가 많다. 엄마가 당뇨약을 복용한다면 추후 자녀도 당뇨약을 복용하게 될 확률이 높다. 많은 고객들과 상담해본 결과 실제로 가족력이 굉장히 많다. 부모에서 자녀에게로, 그리고 손주에게까지 이어질 확률이 크다. 이럴 때는 보험으로 무엇을 대비해야 할지 명확해진다.

이런 상황들을 고려하지 않고 보험 가입을 하면 미래를 대비하는 보험의 기능을 제대로 활용하지 못한다. 고혈압과 당뇨 약을 복용하는 사람은 신장 질환이나 뇌혈관·허혈성 질환이 생길 확률이 그만큼 높다. 그런데 오로지 암보험에만 관심을 둔다. 고객에게 왜 그 보장이 필요한지를 반복적으로 설명하지만 그래도 이해하지 못한다면 어쩔 도리가 없다.

고객의 건강과 가족력은 보험설계에서 가장 기초가 된다. 보험을 가입할 때나 보험 리모델링을 할 때도 중요한 과정이기 때문에 설계사도 반드시 신경 써야 한다. 고객이 도움받을 수 있는 보험만이 제대로 된 진짜 보험이다.

보험료, 어떻게 정할까?

고객들이 가장 중요하게 생각하는 것은 보험료다. 얼마를 내느냐, 그다음은 언제까지 내면 되는지를 묻는다. 어떤 보장이 얼만큼의 값어치가 있는지가 더 중요한데도 말이다.

예를 들어 무지외반증은 엄지발가락이 새끼발가락 쪽으로 기울어져서 통증을 유발하는데, 생각보다 고통이 큰 질환이다. 보통 이 증상을 가지고 있는 사람들은 보험으로 대비하려면, 추후 수술할 가능성이 크기 때문에 실손의료보험이 가장 필요하다. 재발이 많아 재수술할 가능성도 크니 수술비 보험이 다른 사람들보다 더 중요할 수 있다.

이처럼 딱히 가족력이 없어도 사람은 저마다 신체적으로 약한 부분이 있다. 비염은 너무 흔하고, 면역력이 떨어져 특정 부위에 단순포진이 자주 생기는 사람도 많다. 이유 없이 허리가 아프거나 잦은 두통과 소화불량을 겪는 사람도 있다. 하지만 이런 정도로 특별히 건강에 이상이 있다고 말하지는 않는다.

심한 통증이 있거나 입원, 수술을 해야만 건강에 문제가 있는 것이 아니다. 예민하고 약한 신체 부분을 기억해둘 필요가 있다. 기능적으로 자주 문제를 일으킨다는 것은 심화될 수 있음을 뜻하기 때문이다. 결국 이런 부분이 보험료를 결정하는 기준이 된다.

5년 이내
실손의료보험 청구력

보험금 청구 고민해야 한다?

어딘가 아픈 증상을 느낄 때 바로 병원에 가는 사람도 있지만 일단 자신의 증상을 인터넷에 검색해보는 사람도 있다. 병원은 최대한 미루거나 안 가고 싶은 곳이다. 나도 유방에 멍울이 만져지면서 통증이 지속되자 인터넷에 유방암을 검색해보았다. 하지만 불안감이 커지고 통증도 지속되어 결국은 병원에 갔다. 바로 조직검사를 해보자는 말은 없었지만 3개월 후 다시 오라고 했다. 그리고 실손의료보험을 청구했다.

컴퓨터로 작업하는 일이 많은 A씨는 어느 날 어깨와 목 통증이 심해서 정형외과를 방문했다. 의사는 거북목이라며 장시간 앉아서 일을 하기 때문이라고 들었다. 그대로 두면 디스크가 손상될 수 있다는 말에 덜컥 겁이 났다. 병원에서 A씨에게 물어본다. "실손의료보험은 가입되어 있으시죠?" 그렇게 도수치료 10회를 결제했다. A씨는 병원비 영수증으로 실손의료보험을 청구했다.

6개월 후 A씨와 친한 회사 동료가 디스크 수술을 했다. 불안한 마음에 A씨는 수술비 보험을 가입하기로 결심했다. 보험회사는 5년 이내 실손보험 청구 이력을 A씨에게 물었다. 도수치료 받은 내용을 대수롭지 않게 생각하고 답변해주었다. 결과는 '척추 전기간 부담보 조건'이었다. 보험 납입기간을 포함한 만기까지 척추로 인한 질병은 어떤 것도 보장받을 수 없다는 것이었다. A씨는 이해할 수 없었다.

보험설계사는 척추까지 보장받기 위해서는 알릴 의무 사항이 간단한 간편보험이 있다는 말도 해주었다. 간편보험은 질문 사항이 3가지로 간단하다. 3개월 이내 치료 이력, 2년 이내, 5년 이내 암과 중대질환에 대한 몇 가지 질문에 걸리지 않는다면 가입 가능한 상품이었다. '부담보 조건'이 없다는 말도 덧붙였다. 그렇기 때문에 20~30% 할증된 간편보험을 가입해야 한다고 했다. 그런데 오히려 보장 내용은 더 적을 수 있다고 한다. 부담보는 없지만 추후 척추질환이 발생할 가능성이 높기 때문에 보장 한도는 더 적을 수 있다는 말이다.

보험을 가입할 때 보험회사는 최근 3개월, 최근 1년, 최근 5년 이내의 사항들을 고객에게 질문한다. 고객이 미처 답변하지 못했다 하더라도 요즘은 실손보험 청구 이력을 보험회사도 확인할 수 있다. 실손보험 청구 이력이 있다면 보험을 새로 가입하려고 할 때 문제가 될 수 있다는 사실을 알아둘 필요가 있다.

증상이 있을 때 보험을 점검하자

보험금을 청구하는 고객들 중에는 가슴 아픈 사연을 가진 사람들이 있다. 그중 기억에 남는 것은 아내와 이혼 후 고등학생, 중학생 두 딸을 키우는 40대 가장의 이야기였다. 어느 날부터 소화도 안 되고 등이 계속 아팠지만 파스를 붙여가며 참았다. 건설현장에서 막노동을 하는 40대 가장은 비 오는 날을 가장 싫어했다. 딸들은 커가고 돈 들어갈 일은 많은데 수입은 늘어나지 않았다. 몸을 쓰는 일인 탓에 아파도 무조건 참을 수밖에 없었다. 자신의 몸이 유난히 안 좋은 것을 느끼고 핸드폰으로 검색해보고 위암이라고 스스로 확신했다.

그리고 암보험을 가입했다. 한 달 동안 벌어도 빠듯한 살림살이에서 보험료를 내는 일은 쉽지 않았다. 암보험은 가입 후 90일이 지난 후에 50%의 진단금을 받을 수 있다. 상품에 따라 다르지만 1년 후 100%, 2년 후 100% 받을 수 있는 구조가 대부분이다. 40대 가장은 90일만 참자는 각오로 병원에 가지 않았다. 90일 이전에 혹시 암 진단을 받으면 몇 번 납입했던 보험료만 돌려받을 뿐 암 진단금은 받을 수 없기 때문이었다. 먹으면 토하고 계속되는 위 통증으로 잠을 잘 수 없는 날들이 이어졌다. 각혈 증세까지 보였지만 걱정하는 딸들을 안심시키며 지독한 통증을 참아냈다. 그렇게 90일이 지나고 병원에 가서 위암 말기 진단을 받았다. 40대 가장은 오히려 웃음을 보였다. "아이들에게 남겨주고 갈 돈이 있어서 다행이다"라고 말했다. 그러고는 보험회사에 보험금을 청구했다.

가입 후 90일이 지나자마자 암보험금 5,000만 원을 지급해야 하는 보험회사는 조사를 하지 않을 수 없었다. 하지만 병원에 남아 있는 치료 이력이 전혀 없었다. 사느라 바빠서 병원에 가본 적도 없었지만 몸이 아픈데도 독한 통증을 견디며 병원 어디에도 이력을 남기지 않았다. 오로지 딸들에게 남길 암보험금을 타기 위해서였다. 결국 보험회사는 암보험금 5,000만 원을 지급했다.

직업, 음주,
흡연, 운전 여부

나만의 보험 DIY를 만들어라

형제자매의 얼굴이 닮을 수는 있지만 똑같을 수는 없다. 쌍둥이
라고 해도 식성이나 성격까지 똑같지는 않다. 지구상에 나와 같은
사람은 오직 나 하나뿐이다. 그런데 보험은 가족, 지인, 친구 따라
가입하는 경우가 많다. 얼굴, 건강, 직업, 운전 습관 등 모든 것이
다른데도 말이다.

생산직이나 제조업에 근무하는 사람은 질병보다 상해보험이 조
금 더 필요할 수 있다. 운전을 직업으로 하는 사람은 사고 확률이
일반 사람보다 훨씬 높기 때문에 운전자보험도 필수로 가입해야
한다. 독한 화학약품을 취급하는 사람은 폐질환, 심장질환, 호흡기
질환 등 건강상 문제가 생길 확률이 높다. 게다가 술을 자주 마신

다거나 흡연까지 하면 어떨까? 일련의 상황들을 고려한다면 가족
이라고 해도 똑같은 보험을 가입할 수 없다.

보험은 지질학, 역사학, 통계학처럼 확률적인 상황을 대비하는
것이다. 조금 더 정확도를 높이기 위해서는 설계사의 꼼꼼함도 필
요하지만 고객의 관심이 가장 중요하다. 보험은 무엇보다도 개인
적이어야 한다. 본인이 좋아하는 핸드폰이나 차, 옷을 고를 때보다
훨씬 중요한 것이 나만의 보험이다.

보험료 확인하기

부모님 세대는 한 직장에 오래 근무하는 근속연수가 성실함과 끈
기를 증명했다. 하지만 요즘은 평생직업보다 두세 개의 직업으로
생계를 유지하는 사람도 많다. 새로운 직장과 새로운 직업으로 전
환하는 경우도 흔하다.

보험을 가입할 때 직업과 운전은 보험료 산정에 중요한 요소이
다. 생명보험은 가입 후 직업이나 운전 상황이 변경되었다고 해도
추후 보험회사에 고지할 필요 없다. 반대로 손해보험은 변경 시 추
후 고지해야 한다. 예를 들어 사무직으로 자가용만 운전했던 고객
이 배송직으로 화물차를 운전한다면 반드시 보험회사에 통지해야
한다. 이 경우 위험률이 높아졌기 때문에 보험료가 인상된다. 고
지하지 않은 채 사고가 났다면 보상받지 못할 수도 있다. 반대로
화물차를 운전하는 사람이 자가용 운전으로 바뀌면 보험료는 낮
아진다. 위험률이 감소했기 때문이다.

음주나 흡연은 지극히 개인적인 부분이기 때문에 담배를 반 갑 피우던 사람이 한 갑으로 늘었다고 해도 추후 고지 사항은 아니다. 하지만 처음 보험 가입 때 담배 1일 몇 개비, 음주 주 몇 회의 구체적인 질문 사항은 있다. 보험회사 가입 기준에 초과되는 경우는 보험 가입에 제재가 생긴다. 참고로 키와 몸무게도 적정 수준의 BMI 수치를 초과하면 가입이 거절될 수 있다.

보험 가입 시 본인의 직업이나 운전을 고려한 직업 급수가 청약서나 증권에 표시된다. 추후 직업 급수가 변경되면 보험료가 오르거나 내릴 수 있으니 확인해둘 필요가 있다.

위험에 위험을 더하면?

어느 날 고객에게 전화가 왔다. "설계사님, 아빠가 혈관성 치매로 입원하셨는데 보험 적용이 되나요?" 처음에 친구가 소개해준 설계사를 통해 보험을 가입했고 이후 내게 리모델링 문의를 해오면서 인연을 맺게 된 고객이었다. "고객님 실손으로는 치매 보장이 안 돼요." 안타까운 경우라 고객의 마음이 어떨지 가늠할 수 있었다. 그렇다고 치매보험이 가입되어 있는 것도 아니었다.

평소 음주와 흡연을 너무 많이 하시는 아버지를 위해 가입해둔 보험은 실손의료보험과 암보험이 전부였다. 고객에게 가입 당시 상황을 물었고 고객이 기억하는 내용은 다음과 같았다.

상담원 아버님 술 담배는 어느 정도 하시나요? 술은 주 몇 회,

소주 기준으로 얼만큼인지, 담배는 하루 몇 개비를 피우시고 몇 년 정도 되셨는지 말씀해주세요.

고객   술은 많이 자주 드시는 편인데, 정확히 얼만큼인지는 잘 모르겠어요. 담배도 하루 한 갑 정도는 피운다고 하셨어요.

여기서 질문과 답변 모두 문제가 있다. 상담원은 고객의 음주량을 정확히 확인했어야 한다. 고객은 아버지에게 주 몇 회와 소주 기준으로 주량이 얼마나 되는지 정확히 알아보고 답변했어야 했다. 보통 담배 하루 한 갑은 보험회사 기준으로는 크게 문제 삼지 않는 범위에 속한다. 하지만 음주는 상담원의 재량으로 기재된 것이다.

고객의 답변처럼 '자주, 많이'를 반영해서 주 6회, 소주 1병이라고 기재했다면 보험회사는 '방문검진'을 고객에게 요청했을 확률이 크다. 방문검진은 고객의 많은 음주량과 잦은 횟수로 인해, 보험회사에서 지정한 병원의 전문간호사가 고객이 있는 곳으로 방문해 채혈, 소변, 혈압 등 기본적인 검사를 하는 것이다. 검사 결과 이상 소견이 발견된다거나 고지 내용만으로도 위험률이 있다고 판단하면 가입을 받아들이지 않을 수도 있다.

기본적으로 설계사들은 음주, 흡연을 어느 정도 기재했을 때 심사에서 승인되는지 알고 있다. 특히 음주와 흡연이 많거나 잦은 경우 치매보험의 연관성이 더 크다. 치매보험을 가입해두었다면 진단금과 간병비를 지속적으로 받을 수 있다. 추후 지속적으로 가족이 힘들어질 가능성까지 생각해야 한다.

위험률이 높은 고객에게는 구체적으로 도움이 될 수 있는 보험 구성이 필요하다. 위의 사례처럼 잦은 음주로 인해 혈관성 치매로 진단받는 것은 이상할 게 없다. 안전장치로서 보험을 들 때는 무엇보다 세심함이 필요하다.

나의 상황에 따라
납입기간이 달라진다

보험료는 눈치볼 필요 없다

상담을 하면서 고객에게 "보험료는 얼마 정도를 예상하고 있으세요?"라고 물으면 그중 70%는 선뜻 대답하지 못한다. 보험 구성이 어떻게 될지 몰라서이기도 하지만 얼마를 내는 게 좋을지 판단이 서지 않는 것이다. 그러면서도 지인보다 더 많이 낸다는 것을 알면 불만을 토로한다. 보장 내용은 상관없이 무조건 보험료가 기준인 것이다.

사실 적정 수준의 보험료를 급여의 10~15%라고 규정하기는 어렵다. 가입 시기와 보장 내용, 건강 상태에 따라 다르기 때문이다. 보험료도 본인만의 기준이 있어야 한다. 타인을 기준으로 보험료를 정해서는 안 된다. 나의 경제 상황에 맞춰 필요한 보장의 우선순위를 정하면 된다.

　보험료를 줄이면서 보장을 조금이라도 더 많이 받고 싶다면 납입기간을 길게 설정하는 방법이 있다. 예를 들어 35세 여성 고객이 보험을 가입하려고 한다. 20년 납입으로 했을 때 보험료가 9만 원이라고 가정해보자. 암 진단금 3,000만 원과 뇌혈관·허혈성 진단금이 각각 1,000만 원에 몇 가지 수술비 특약이 포함되었다. 보험료를 10만 원 이내로 계획했다면 무리 없이 20년 납입으로 가입할 수 있다. 그런데 35세를 기준으로 하더라도 진단금이 적은 편이다. 이 상태에서 암 진단금을 5,000만 원으로 올리고 뇌혈관·허혈성 진단금도 1,000만 원씩 더 추가한다면 보험료는 11만 원으로 올라간다. 그렇다면 30년 납입으로 하면 어떨까? 10년을 더 납입해야 하지만 보험료는 8만 원으로 떨어진다. 보장금액을 올리지 않고 그대로 갈 경우 30년 납입으로 변경하면 6만 원 전후가 된다. 하지만 총보험료는 20년 납입보다 30년 납입이 더 많을 수 있다.

　35세 기준으로 20년 납입을 할지 30년 납입을 할지는 본인이 정하면 된다. 월 보험료를 더 내더라도 10년 이상 납입할 수 없다고 하는 사람들도 있다. 40세 미만인 경우는 20년 납입이나 30년 납입을 선택하는 비중이 높다. 40세 이상인 경우 20년 납입이나 15년 납입을 선호하는 편이다. 나의 성향과 상황에 맞춰 보험료를 정하면 보험을 유지할 확률도 높아진다.

납입면제를 활용하는 방법

어머니가 신장 투석을 받기 시작한 지도 벌써 8년이 되었다. 매주 월요일, 수요일, 금요일 새벽 4시면 어머니는 병원에 도착해 있다. 다행히 실손의료보험으로 큰 도움을 받고 있지만 통원비 횟수와 한도는 정해져 있다. 1년 12개월 중 2개월분 정도만 보험으로 대체된다. 나머지 10개월분은 매월 30만 원씩 고스란히 어머니의 몫이다.

암보험과 건강보험 그리고 실손의료보험까지 어머니는 총 3건의 보험에 가입되어 있다. 그중 실손의료보험을 제외하고 나머지 2건은 현재 보험료를 납입하지 않는다. 납입면제를 받았기 때문이다. 어머니가 투석을 시작하면서부터니까 7년 넘게 2건은 보험료를 내지 않고 있다. 최근에도 혈관 문제로 인조혈관 수술을 받느라 3박 4일 입원했다. 실손보험에서 병원비를 계산한 것보다 몇만 원더 받았다.

어머니의 실손보험은 다른 특약들이 함께 들어간 종합보험 형태이다. 그 안에 포함된 입원일당 특약이 1일당 2만 원씩 계산되어 실손보험에서 함께 받을 수 있었다. 입원일당금이 더해져 병원비로 지출한 비용보다 더 많은 돈을 받게 된 것이다. 거기에 납입하고 있지 않은 건강보험에서도 수술비 34만 원을 따로 받았다. 어머니는 수술 과정에서 아픔을 겪었지만 경제적으로 힘들지는 않았다.

어머니의 건강보험과 암보험은 가입 당시 80세까지 보장받는 것이었다. 저렴한 보험료와 납입면제 사유를 고민해서 80세 납입으로 가입한 것이다. 만성신부전증으로 인한 혈액투석은 질병으로 50% 이상 후유장애에 속한다.

아플 때 치료비로 큰 도움을 받기 위해 보험에 가입한다. 하지만 보험료를 납입하지 않아도 되는 납입면제는 경제적으로도 이득이지만 무엇보다 마음의 여유가 생긴다. 만약 현 상태에서 암 진단을 받는다 해도 진단금 1,000만 원을 받는다. 현재 보험료를 내고 있지 않음에도 말이다.

납입기간을 짧게 설정했다면 어땠을까? 짧은 기간만큼 더 많은 보험료도 부담스럽지만 납입기간이 끝난 이후에는 면제 사유에 해당하더라도 납입면제를 받을 수 없다. 납입기간을 길게 설정하는 것도 보험 전략에 속한다.

내가 탈 수 있는 확률이 높은
보장 중심으로 구성하라

탈 수 있는 보험의 비법

마법의 간장, 마법의 양념장만 있으면 대부분의 요리가 맛있어진다. 요리 실력이 없어도 맛을 낼 수 있는 만능 소스와 같은 마법의 보험을 만들 수 있을까? 결론부터 말하면 불가능하다. 하지만 알토란처럼 탈 수 있는 보험을 만들 수는 있다.

자기 몸에 대해 본인만큼 잘 아는 사람은 없다. 우선 고려해봐야 하는 부모님, 조부모님의 가족력과 형제자매의 건강 상태는 거의 파악할 수 있다. 거기에 운동을 좋아하는 사람, 당분이 많은 음료를 좋아하는 사람, 유난히 예민한 사람, 비만인 사람, 맵고 달고 짠 음식을 즐겨 먹는 사람, 움직이는 것을 좋아하지 않는 사람 등 본인의 특징은 곧 보험을 만들기 위한 기초 정보이다. 여기에 어떤 업무를 하느냐와 운전 여부에 따라 보장받을 확률이 높은 보험을 설계할 수 있다. 따라서 나 자신에 대한 객관적인 분석이 필요하다.

예를 들어 사무직으로 컴퓨터로 작업하는 업무량이 많은 사람이라면 오히려 대사질환에 노출될 확률이 크다. 운동하면서 건강 관리를 하는 사람도 있지만, 그렇지 않은 경우가 더 많다. 그렇다면 질병에 대한 보장이 더 필요하기 때문에 진단금과 수술비 보장이 중요하다. 오래 앉아서 일하는 사람은 자세가 바르지 못한 경우가 많기 때문에 목과 허리에 무리가 간다. 이 경우는 척추질환에 대한 보장도 염두에 둘 필요가 있다.

헬스 트레이너와 의사들은 아프지 않을까? 그렇지 않다. 건강 관리 방법을 잘 알고 자주 운동을 해도 사람의 신체는 완벽하게 제어할 수 없다. 헬스 트레이너는 오히려 상해후유 3% 보장이 더 필요하다. 지속적인 운동으로 척추에 무리가 갈 확률이 높기 때문이다. 하지만 트레이너들은 대부분 자신의 건강을 자부한다.

내가 좋아하는 보장과 필요한 보장은 다르다

보험을 선택할 때 고객들이 미리 말하는 보장들이 있다. 대부분 가족이나 주변 사람들의 보험금 청구 사례이다. 친구가 오래 입원해서 입원일당을 많이 받았다고 한다. 골절로 오랜 시간 고생하셨던 부모님 때문에 젊은 아들은 골절진단금이 필요하다고 생각한다. 치매로 고생 중인 시어머니를 보면서 치매보험이 꼭 있어야 한다는 며느리도 있다. 하지만 며느리보다는 오히려 그 남편에게 치매보험이 더 필요하다. 시어머니의 아들에게 가족력이 있기 때문이다. 그런데도 남편은 건강할 것 같다면서 본인의 치매보험을 가입한다.

어떤 고객은 암 진단금은 적어도 좋으니 암입원일당, 항암방사선치료, 항암약물치료, 암수술비를 꼭 가입해달라고 말한다. 이유를 물어보면 주변에서 어떤 사람은 수술을 몇 번씩 하고, 어떤 사람은 항암치료를 여러 차례 했다고 한다. 실손의료보험에서 보장해주는데도 그 보장이 좋다고 말한다. 암 진단을 받으면 무조건 보험금을 탈 수 있는 진단금이 더 중요하다. 수술은 꼭 수술해야만 받을 수 있는데 아무 암, 아무 사람이나 수술하지는 않는다. 항암치료를 하지 않는 사람도 있고, 입원하지 않을 수도 있다.

나와 함께 일했던 설계사의 어머니도 70대에 암 진단을 받았지만 추적 관찰로 통원만 했을 뿐 수술이나 입원, 항암치료도 전혀 하지 않았다. 상황에 따라 치료 방법도 다르다. 하지만 암 진단금은 진단만 받으면 무조건 받을 수 있다. 나머지 특약들을 가입하면서 불필요한 보험료를 내는 것보다는 필요한 진단금을 높이는 것이 만족도가 크다.

보험금을 받게 되는 상황이나 금액도 모두 다르다. 보험이 도움이 되려면 개인적으로 좋아하는 보험이 아니라 객관적으로 필요한 보장을 선택해야 한다.

3장

절대 손해 보지 않는
보험 가입 안전장치

보장성 보험과
적립형 보험의 비중

보장성 보험 이해하기

보장성 보험은 중도해지하면 해약환급금이 전혀 없다고 생각하는 사람들이 많다. 물론 거의 없는 상품도 있지만 생각보다 많이 받는 상품도 있다. 보장성 보험이라 하더라도 고객이 사망하거나 중도해지할 경우 고객에게 지급할 준비금을 적립해두기 때문이다.

해약환급금이 많은 상품과 적은 상품의 차이는 무엇일까? 고객이 보장받을 확률이 높은 구성일수록 해약환급률이 낮다. 반대로 해약환급률이 높다는 것은 고객이 보장받을 수 있는 구성에 못 미치는 것이다. 이런 상품을 판매할 때 일부 설계사들은 보장도 받고 나이 들어서 적금처럼 탈 수 있다고 과장되게 표현하기도 한다. 해약환급률이 높기 때문에 해약하더라도 고객이 손해 볼 일이 거의 없다는 식으로 말하는 것이다. 특히 간병보험은 과거부터 현재까지 그런 식으로 판매하는 사례가 많다.

누구나 아플 수도 있지만 아프지 않을 수도 있다. 보장받을 일이 생기면 가입해둔 보험이 도움이 된다는 것을 고객들도 알고 있다. 여기서 핵심이 바로 아플 수도 있다는 것이다. 보장받을 일이 있을 때를 대비해 가입하는 것이 보장성 보험의 목적이다. 나중에 탈 수 없는 경우 해약환급금을 염두에 두고 적립보험료를 추가로 납입한다는 것은 이자 없는 통장에 그냥 돈만 넣어두는 것이다. 차라리 목적에 맞는 적립형 보험을 따로 가입하는 것이 훨씬 도움이 된다. 보장성 보험료는 가성비 좋은 상품을 꼼꼼하게 골라 최소의 보험료로 보장받는 데 의미가 있다.

- 보장성 보험: 실손의료보험, 종신보험, 정기보험, 암보험, 간병보험, 치매보험, 치아보험, 운전자보험 등
- 적립형 보험: 연금보험, 저축보험

적립형 보험의 1순위는 연금이다

평균수명이 길어지면서 70대 이후까지 일하는 사람들이 많아졌다. 단지 일이 좋고 사람이 좋아서 일하는 사람들은 소수에 불과하다. 대부분 경제적으로 준비되어 있지 않아 생계 때문에 일하는 사람들이 훨씬 많다.

돈 없는 노후는 재앙이라는 말이 맞을까. 연금으로 노후 생활이

가능한 사람들은 자식들도 부담이 없다. 반대로 하루하루를 빠듯하게 살아가는 부모를 지켜보는 자식의 마음은 무겁다. 도움을 줄 수 있는 경우라도 오랜 시간 지속된다면 지칠 수 있다.

결국 우리의 적립형 보험 1순위는 연금이다. 보장성 보험은 가장 필요한 내용들로만 채우면 된다. 실손의료보험, 암보험, 2대진단금보험, 수술비보험, 주택화재보험, 운전자보험 등을 준비했다면 나머지는 적립으로 운용해야 한다.

기준금리도 하락하고 은행권이나 제2금융권에서도 저축으로 만족할 수 있는 상품을 찾기 힘든 세상이다. 하지만 아직 보험에서는 연금이나 변액보험 상품들이 남아 있다. 특히 생명보험회사들의 최저금리 보장 상품들은 아직까지 경쟁력이 있다.

적립에 대한 고객들의 의견은 다양한 편이다. 연금이 중요하다는 것은 알지만 아직 먼 미래라고 생각한다. 하지만 먼 미래일수록 연금액은 많아진다. 늦게 가입할수록 더 많은 보험료를 납입해야 한다. 20대가 20만 원씩 10년을 납입한다고 가정해보자. 65세부터 연금을 받는다. 40대가 20대와 같은 연금액을 받기 위해서는 보험료를 최소 3배는 납입해야 한다. 젊을 때 연금을 준비해야 보험료는 아끼고 연금액은 극대화할 수 있다.

요즘 MZ세대들은 소액으로 주식을 많이 한다. 이외에 펀드나 투자형 상품들에 관심을 보이는 젊은 층도 과거보다 훨씬 많다. 저금리 기조 탓에 투자형 상품에도 귀를 기울인다. 문제는 전문가의 도움을 받는다 하더라도 손실을 볼 수 있다는 것이다. 하지만 적립형 보험은 안정적이고 「예금자보호법」도 적용된다. 변액은 투자상품인데도 연금으로 확정금리를 적용해주는 경우도 있다. 안정적인 상품을 우선순위에 두는 것이 노후를 대비하는 기본이다.

전체 납입하는 보험료를 100%이라고 했을 때 보장성 보험을 30%, 적립형 보험을 70%로 분배하는 것이 이상적이다. 100만 원을 보험료로 납입한다고 하면 70만 원을 적립형 보험에 넣는 것이 적당한다. 나머지 30만 원의 보장성 보험은 연령, 직업, 나이, 가족력에 따라 줄일 수도 있다. 더 줄일 수 있다면 적립형 보험으로 추가 전환하는 것이 좋다.

보험에도
트렌드가 있다

트렌드는 트렌드일 뿐이다

보험 리모델링을 자주 고려하는 고객들이 있다. 새로운 보험상품이 나올 때마다 고민한다. 너무 보험에 몰입해서 잦은 리모델링을 하면 정말 좋은 상품을 놓칠 수도 있다.

한 고객은 암으로 통원할 때마다 1회당 15만 원의 통원비를 받는 특약이 가입되어 있었다. 아쉽다면 보험 만기가 70세라는 점이다. 이 경우 만기가 짧다고 해도 해지하는 것은 절대 추천하지 않는다. 100세, 90세로 길게 보장받기 위해 새로 가입한다 해도 보험료가 너무 높은 데다 15만 원이라는 큰 보장금액을 가입할 수 없다.

의료계의 발전은 곧 보험상품과 직결된다. 이를테면 뇌나 심장 관련 질병으로 응급실을 가는 경우가 많다. 골든타임이 중요한

데 시간이 지체되면 심각한 후유장애가 생길 수 있기 때문에 시간이 곧 생명이다. 그런데 응급치료를 받을 때 수술이나 시술이 아닌 간단한 주사치료로 더 이상의 진행을 막을 수 있다면 최고의 치료이다. 보험회사는 그런 치료에 해당하는 보험금을 받을 수 있도록 새로운 특약을 추가한다. 여기서 고객들은 고민한다. 일단 가입한 보험은 중간에 새로운 특약을 추가하기 어렵다. 그래서 기존 보험을 해지하고 다시 가입하려고 한다. 몇천 원의 특약을 추가하기 위해 전체 보험을 해지하는 것은 큰 손해가 될 수 있다.

보험은 뿌리 깊은 나무와도 같다. 기둥이 되어줄 보험은 반드시 있기 마련이다. 트렌드를 고려할 때는 주축이 되는 보험을 먼저 정해야 한다. 유행 따라 보험을 바꾸면 보험료 지출도 커질뿐더러 지속적으로 고민해야 한다. 새로운 상품이 나올 때마다 신경 쓰는 것은 불필요한 에너지 낭비다.

유행은 이용하는 것이다

2020년 표적항암치료가 많은 이슈를 일으켰다. 1세대에 속하는 화학항암치료는 암세포가 완전히 사멸될 때까지 치료하기 때문에 시간도 오래 걸리는 데다 정상세포까지 공격해 부작용이 심하다. 2세대라고 할 수 있는 표적항암치료는 독성도 적고 암세포로 변화되는 특정 표적인자만 선택해서 공격하기 때문에 고통도 훨씬 덜하고 안정적이다. 하지만 표적인자가 있는 사람만이 치료할 수 있다. 모든 사람과 모든 암에 사용할 수 있는 것은 아니다.

2022년 1월부터 적용되고 있는 신포괄수가제로 인해 표적항암치료가 또다시 주목받고 있다. 암, 희귀난치성 질환자의 항암제 치료비가 대폭 상승함에 따라 보험사는 표적항암치료 특약을 더 많이 홍보하며 판매에 열을 올리고 있다.

실손의료보험에서 보장받고 싶어도 표적항암치료는 통원으로 가능해서 대부분 구실손 기준 10만 원, 표준실손 기준 25만 원 한도 내에서 보장받는 것이 고작이다. 그런데 표적항암치료는 1회당 500만~600만 원을 10회로 받는다고 하면 총 5,000만~6,000만 원의 병원비가 발생한다. 실손의료보험 25만 원 한도로 보장받는다고 해도 본인 부담금을 빼면 회당 23만 원에 10회는 총 230만 원에 불과하다.

보험회사가 판매에 열을 올리는 상품들을 출시할 때가 있다. 물론 신포괄수가제 변경으로 인해 표적항암치료가 필요하지만 누구에게나 해당되지는 않는다. 정보성으로 관심을 갖되 무조건 필요하다는 생각에 기존 보험을 해약하고 다시 가입하는 것은 추천하지 않는다.

가족력으로 인해 부모님 두 분 중 한 분 또는 두 분 모두 암으로 치료 중이거나 사망한 이력이 있는 자녀에게 가장 두려운 질병이 암이다. 이때는 표적항암치료를 추가로 가입해두는 것이 유리하다. 가족력이 있거나 건강에 취약한 사람들에게는 필요한 보험이다.

TV 드라마에도 주인공이 있듯이 보험도 마찬가지다. 주인공이 되는 보험 외에 조연이나 단기간의 엑스트라 역할을 하는 보험도 있다. 주축이 되는 보험은 100세 만기까지 보장받아야 하는 진단금보험이나 정말 중요한 실손의료보험이다. 하지만 앞서 말한 표적항암치료보험은 갱신형으로만 가입 가능하기 때문에 추후 보험료가 크게 인상되면 일정 시기까지만 유지할 수 있다. 트렌드 보험의 특징은 주인공 보험을 받쳐주는 것이다.

보험약관
읽기

두꺼운 책에서 찾아야 할 것들

보험을 가입하면 보험회사로부터 보험증권과 약관을 받는다. 증권은 대부분 A4 크기에 종이 한두 장 정도이지만 약관은 크기가 작은 대신 두께가 두툼한 편이다. 깨알 같은 글씨와 묵직한 두께에 지레 질려버리는 것일까? 그래서 고객들은 약관을 읽어보려고 하지 않는다. 하지만 편견을 버리고 약관을 가까이하는 습관을 가져야 한다.

최근에는 모바일이나 이메일을 통해서도 약관을 받을 수 있다. 약관이 간단하지 못한 가장 큰 이유는 개인마다 맞춤 약관을 만들 수 없기 때문이다. 하나의 상품 안에 적게는 20개에서 많게는 50~80개 정도의 담보가 들어 있다. 그런데 약관은 50~80개를 기준으로 만들어진다. 이 중에서 내가 계약한 담보가 15개라면 약관에 기재된 15개의 보장 내용을 확인할 필요가 있다. 어떤 사람은 30개, 누군가는 40개의 담보를 골라서 가입할 수도 있다. 그 형태가 모두 다르기 때문에 한 권의 약관은 곧 수많은 고객을 품고 있는 것이다. 약관을 받았을 때 나의 보장 내용만 표시해두는 것도 좋다.

목차를 보면 보통약관과 특별약관으로 나뉜다. 보통약관은 보험의 목적을 비롯해서 보험회사와 계약자가 알아두면 좋을 만한 기본적인 설명이다. 이 부분은 가볍게 넘어가도 좋다. 확인해야 하는 것은 특별약관이다. 암 진단비, 뇌출혈, 뇌졸중, 허혈성심장질환 진단비, 질병수술비 등 증권에 기재된 내용을 보면서 표시해두면 된다.

약관을 전부 읽어볼 필요는 없다. 부담감이 생기면 아예 쳐다보고 싶지도 않다. 하지만 내가 가입해둔 보장 내용 몇 가지를 알아두는 것은 어렵지 않다. 추후 병원에 갈 일이 생겼을 때 특별약관에 표시해둔 보장내용들을 확인하면 보험금 청구도 수월할 수 있다. 예를 들어 뇌혈관질환 진단비는 특별약관에서 쉽게 찾을 수 있다. 그다음 알아야 할 상세 내용은 질병의 세부적인 코드번호이다. 특별약관을 넘기다보면 '별표'라는 질병들의 분류표를 쉽게 찾을 수 있다. 참조된 별표로 보자면 뇌혈관질환 분류표는 394페이지에 있다. 그렇게 해당 페이지를 찾아가면 뇌혈관질환에 포함되는 여러 질병명들을 확인할 수 있다. I60은 거미막하 출혈, I61은 뇌내출혈 등 질병에 부여된 코드가 정확히 적혀있다. 이런 내용들만 알면 보험금 청구할 때 많은 도움이 된다.

| 보통약관 목차 |

| 별표19 - 뇌혈관질환 분류표 |

① 약관에 규정하는 「뇌혈관질환」으로 분류되는 질병은 제8차 개정 한국표준질병·사인분류(통계청 고시 제2020-175호, 2021. 1. 1. 시행) 중 다음에 적은 질병을 말합니다. 이후 한국표준질병·사인분류가 개정되는 경우는 개정된 기준에 따라 이 약관에서 보장하는 뇌혈관질환 해당 여부를 판단합니다.

대상이 되는 질병	분류번호
1. 거미막하 출혈	I 60
2. 뇌내출혈	I 61
3. 기타 비외상성 두개내 출혈	I 62
4. 뇌경색증	I 63
5. 출혈 또는 경색증으로 명시되지 않는 뇌졸중	I 64
6. 뇌경색증을 유발하지 않은 뇌전동맥의 폐쇄 및 협착	I 65
7. 뇌경색증을 유발하지 않은 대뇌동맥의 폐쇄 및 협착	I 66
8. 기타 뇌혈관 질환	I 67
9. 달리 분류된 질환에서의 뇌혈관 장애	I 68
10. 뇌혈관 질환의 후유증	I 69

1. 제9차 한국표준질병·사인분류 개정 이후 이 약관에서 보장하는 상기 질병의 해당여부는 피보험자가 진단된 당시 시행되고 있는 한국표준질병·사인분류에 따라 판단합니다.

2. 진단서 상의 분류번호는 한국표준질병·사인분류 질병코딩지침서(향후 지침서가 변경되는 경우 변경된 지침서에 따릅니다)에 따라 기재된 것을 인정합니다.

3. 대상질병 분류표의 분류번호와 연관성이 있어, 분류번호를 동시에 부여 가능한 경우 대상질병 분류에 포함합니다.

② 진단 당시의 한국표준질병·사인분류에 따라 이 약관에서 보장하는 질병에 대한 보험금 지급여부가 판단된 경우, 이후 한국표준질병·사인분류 개정으로 질병분류가 변경되더라도 이 약관에서 보장하는 질병 해당 여부를 다시 판단하지 않습니다.

완전판매란
무엇인가?

고객의 의무

보험료만 납입하면 나머지는 모두 보험회사와 보험설계사가 알아서 해줘야 한다고 생각하는 고객이 있다. 하지만 보험을 가입하려고 하는 고객은 반드시 보험설계사의 질문에 자세히 답해야 한다. 여기서 반드시 알아야 할 사항은 보험설계사는 고지수령권이 없다는 것이다. 보험계약자는 보험회사와 계약을 체결할 때 피보험자의 질병, 직업, 주소, 과거 병력 등을 정확히 알려야 한다. 이것은 보통 설계사들이 상품을 설명하고 고객에게 묻고 대답을 듣는 절차로 진행된다. 그런데 고객이 답변하는 내용들을 설계사가 듣고 회사에 알릴 권한은 없다. 나는 아직도 보험업계에서 왜 고지수령권을 설계사에게 위임하지 않는지 이해할 수 없다. 추후 보험금 분쟁 문제는 여기서부터 출발한다고 해도 과언이 아니다.

상품 설명은 보험설계사에게 듣고, 고지는 설계사에게 하지 말라는 것은 어불성설이다. 보험업계 현상황이 이렇기 때문에 고객은 보험회사에 고지해야 할 사항들을 정확히 청약서에 적어야 한다. 혹은 모바일을 통한 청약 시 본인이 고지하거나 설계사가 적은 내용들이 정확한지 확인한다.

보험 가입을 위해서는 '알릴 의무'라는 기재 사항이 필수다. 보험설계사는 고객에게 최근 5년 이내의 건강 상황을 묻는다. 예를 들어 당뇨약을 복용 중이라고 말했다면 설계사는 알릴 의무란에 반드시 고지해야 한다. 이후 고객은 청약서에 기재된 내용을 확인해야 한다. 설계사에게 말한 것으로 끝났다고 생각하면 추후 보험금 수령에 문제가 생길 수 있다.

2021년 3월부터 실시되고 있는, 보험에서 주목할 점은 고객의 피해를 줄이기 위해 실시되는 금소법이라 일컫는 「금융소비자보호법」이다. 5년 이내 위법성이 인정되는 경우 계약해지가 가능하다는 내용이다. 위법 사실을 안 날로부터 1년 또는 계약서류를 받은 날과 최초 보험료 납부일 중 더 늦은 날을 기준으로 5년이다.

설계사의 의무

고객을 만나 상담하는 모든 절차에서 상품에 대해 오안내(잘못 안내)를 하면 안 된다. 상품의 특징을 과대하게 설명하는 것도 문제되지만, 전혀 다르게 설명하는 일부 설계사도 있다. 과대광고로 피해를 보는 것은 결국 고객이다.

선물을 예쁘게 포장하는 가장 큰 이유는 가치를 돋보이게 하기 위해서다. 하지만 선물보다 포장이 더 빛난다면 어떨까? 주인공이 바뀐 느낌이지 않을까? 보험에 비유하면 상품 보장 내용을 고객에게 정확하게 설명하지 않고 좋은 점만 여러 번 반복하고 과장해서 말하는 것이다. 나쁜 점은 전혀 이야기하지 않는다. 거기에 오안내까지 들어가면 과대 포장 이상이 되어버린다. 보험에서 포장은 고객의 마음을 편안하게 해주는 것이다. 정성스럽게 상품을 비교해주고, 고객이 제대로 이해하도록 설명하면 된다. 그런 솔직함과 당당함이 설계사를 빛나게 하는 무기다.

보험에는 장점과 단점이 공존하기 마련이다. 다만 서로 보완이 되도록 설계해서 최대한 고객에게 도움이 되는 상품을 만드는 것이 설계사의 가장 중요한 의무이다. 여러 상품을 비교하는 것은 귀찮고 힘든 일이다. 고객이 보험금을 타는 상황까지 상상하는 것은 쉬운 일이 아니다. 하지만 결과는 어떨까? 고객에게 필요한 상품을 정확하게 설계해준 설계사는 고객과 문제가 생길 일이 없다. 오히려 보험금을 받을 때 고맙다는 말을 듣고 고객의 신뢰를 얻는다. 그것이 완전판매를 해야 하는 가장 중요한 이유다.

인터넷 보험 가입 시
주의할 점

인터넷 보험의 장점과 단점

대면으로 설계사를 만나는 부담감이 있는 고객, 타인에 대한 경계심을 가진 고객, 설계사에 대한 신뢰가 없는 고객들이 주로 인터넷 보험을 찾는다. 하지만 인터넷 보험을 선호하는 가장 큰 이유는 뭐니 뭐니 해도 저렴한 보험료 때문이다. 이러한 고객들의 욕구에 맞춰 인터넷 보험 상품이 늘어나고 있다.

20~30대 젊은 층부터, 40~50대 중장년층에 이르기까지 저렴한 보험료와 간편한 가입 절차로 인터넷 보험에 대한 신뢰도와 만족도가 높다. 하지만 인터넷 보험을 가입하는 과정에서 가장 큰 어려움은 역시 상품 정보를 이해하기 어렵다는 것이다. 더불어 개인정보 노출에 대한 거부감이 그 뒤를 잇고 있다. 이런 단점을 보완하고자

K생명은 보험료를 계산할 때 생년월일과 성별 외에 다른 개인정보를 입력하지 않아도 되는 것을 강점으로 내세웠다.

인터넷 보험은 고객이 스스로 상품 정보를 알아보고 가입까지 결정해야 한다. 이를 위해서는 보험에 대한 기본적인 이해와 공부가 선행되어야 한다. 단순히 보험료가 저렴하다고 인터넷 보험을 선택해서는 안 된다. 비교적 쉬운 상품이라고 해도 고객에게는 어려울 수 있다. 더구나 보장개시일, 감액기간, 보장 범위 등 중요 사항을 정확하게 알아야 하는 상품일 경우는 인터넷 보험으로 설계하기 어렵다. 그렇다 보니 보장 내용이 단순하거나 보험료가 저렴한 상품으로 맞추게 된다. 대부분은 상품 분석보다는 보험료를 먼저 파악한다. 저렴한 것만 보고 상품 구성을 등한시한다면 단지 보험을 가입했다는 자체로 안정감만 느낄 뿐이다.

설계사 수수료, 보험대리점 수수료 등 사업비 절감을 위해 보험료를 저렴하게 낮추면서 보장이 좋다면 인터넷 보험이 최고일 것이다. 하지만 인터넷 보험도 운영과 관리자가 있기 마련이다. 마케팅과 광고가 필요하다. 저렴할 수는 있지만 보장 내용이 고객의 기대에 못 미치는 경우가 있다. 또 한 가지 중요한 문제는 담당자가 없기 때문에 보험료 납입계좌 변경, 주소 변경, 보험금 청구 등 가입 후 관리까지 고객 스스로 해야 한다는 것이다. 이런 내용들을 제대로 알고 있다면 인터넷 보험과 성향이 맞는 고객이다.

인터넷 보험으로 가입하면 좋은 상품으로는 자동차보험과 정기보험이 있다. 자동차보험은 다이렉트 보험료가 훨씬 저렴하고, 최근에는 본인이 운전한 만큼만 보험료를 납입하는 보험도 활성화되고 있다. 다이렉트 가입만 가능한 저렴한 상품이기 때문에 인터넷으로 가입하는 것이 유리하다.

정기보험은 10년, 20년, 30년 정해진 기간 동안 유족을 위한 사망보험금을 보장하는 목적성이 분명한 상품이므로 내용 역시 간단하다. 보험료와 사망보험금만 파악하면 인터넷으로 저렴한 보험에 가입할 수 있다.

인터넷 보험 확인 절차

인터넷으로 보험 가입을 결심한 고객들이 알아둘 사항은 바로 확인 절차이다. 보이스피싱은 관련 기관의 번호를 사칭하고, 심지어 그 번호로 전화를 걸면 연결이 된다. 인터넷 보험이 절차는 편할 수 있지만, 안 좋은 목적으로 활용되는 경우도 가장 많다. 해당 보험회사 콜센터를 통해 인터넷 사이트를 운영하는 주체가 맞는지 확인하는 것이 안전하다. 인터넷으로 생길 수 있는 혹시 모를 문제를 사전에 방지하는 것이 가장 좋은 방법이다.

기본적인 보험 용어들은 미리 알아둘 필요가 있다. 특히 납입기간, 보험만기와 갱신형과 비갱신형 등 상품의 특징을 꼼꼼하게 확인해야 한다. 정말 모르겠다고 느끼는 부분은 꼭 확인할 필요가 있다. 여러 상품들을 비교해야 하기 때문에 각각의 보험료를 메모하는 것이 도움이 된다.

과대광고에 주의하라,
TM보험의 문제점

은행에 가서 신용카드를 만들거나, 백화점 혹은 마트에서 회원 가입을 하거나, 이벤트에 응모하는 것은 일상에서 흔한 일이다. 신용카드 한 장을 만들려고 신청서를 쓸 때 보이지도 않을 만큼 작은 글씨가 빽빽히 적힌 내용을 하나하나 읽어보는 사람은 거의 없다. 동의를 구하는 콤보박스에 'V' 체크를 할 때도 무심코 표시하게 마련이다. 그렇게 고객의 정보는 제휴 보험사를 통해 DB(DataBase)가 된다. 이후 각 보험회사는 보험설계사들에게 전달해 고객에게 전화를 한다.

나도 2006년 처음 보험을 시작한 곳은 TM(Tele Marketing)센터였다. 고객의 데이터를 활용해서 보험설계사가 고객에게 전화로 영업하는 방식이다.

고객을 직접 만나 상담하는 것이 아니기에 상담원의 한마디에 고객이 계속 듣느냐 전화를 끊느냐가 결정된다. 그렇기 때문에 상담원은 고객에게 조금 더 과장된 말들을 하기 마련이다. "이건 정말 좋은 보장 같은데?"라는 생각이 든다면 상담원을 통해 꼭 확인해볼 필요가 있다.

홈쇼핑을 5분 이상 보고 있으면 고객은 점점 TV에 빠져들어 구매할 확률이 높다고 한다. 거리두기 심각 단계였던 2020년 9월에 나는 회사 근처로 이사했다. 기존의 가구와 생활용품을 모두 버리고 왔기에 새로 구매할 생필품들이 너무 많았다. 침대만 매장에서 구매하고 나머지 소파, TV 받침대, 행거, 수납장, 프라이팬, 냄비 등 대부분의 물건들을 핸드폰 앱과 홈쇼핑에서 샀다. 사람들은 시각과 청각에 예민하다는 점을 이용해서 광고하기 때문에 뭐든 더 좋아 보이기 마련이다.

TV에 나오는 보험 광고는 생각보다 많다. 거기에는 사은품을 보여주는 장면이 꼭 등장한다. 상담 신청만 해도 사은품을 준다는 말에 보험에는 관심도 없는 사람들이 상담 신청을 한다. 물론 정말 좋은 보험이라는 생각이 들어서 상담 요청을 하는 사람도 많다. 문제는 보험의 단점보다는 장점만 나열하는 것이 방송의 특징이라는 점이다.

예를 들어 다치는 모든 상황을 상해라고 알고 있는데 상해보험 방송에서는 교통상해만 열심히 설명한다. 말 그대로 자가용, 지하철, 버스 등 교통수단을 이용하다 다쳤을 때 보장받는 보험을 판매하는 것이다. 상해는 교통사고를 비롯해 일상생활을 하다가 다치는 경우가 모두 포함되는데 교통상해 보험만 이야기하고 있다.

이런 경우 보상의 범위를 제대로 이해할 필요가 있다. 고객이 등산을 하다가 낙상해서 다친다거나, 집 안 욕실에서 미끄러져 넘어지는 등의 사고가 난다면 교통상해보험으로 보장받지 못한다. '교통상해'는 교통을 이용하던 중 일어나는 사고에 한정된 상해를 말하기 때문이다. 하지만 방송은 그런 중요한 내용들까지 언급하지 않는다.

정말 중요한 내용들은 깨알 같은 글씨의 자막으로 빠르게 지나가기 때문에 진행자의 화려한 언변과 눈에 띄는 자료에 주목한다. 그렇게 상담 신청을 하고 보험설계사로부터 전화를 받는다. 고객이 "방송에서 말한 대로 보장받는 게 맞죠?"라고 물어보면 설계사는 "네, 맞습니다"라고 답한다. 여기서 고객은 보험설계사에게 질문해야 한다. 모든 일상생활에서 다치는 상해를 보장하는 것이 맞는지, 특정 부분만 보장받는지를 말이다. 보험설계사가 상품 내용을 정확히 고객에게 설명하면 더할 나위 없지만 그런 경우는 흔하지 않다. 계약이 목적인 설계사는 고객이 다른 반론을 하지 않기를 바랄 뿐이다.

고객 집 안에서 다치는 사고도 보상이 되나요? 우리가 다치는 모든 상황에 대해 보상이 되나요? 자동차 사고도 보상이 되나요?

고객　이미 가입한 상해보험이 있는데 그것까지 중복으로 보상

받을 수 있나요?

고객　상해보험 범위를 좀 알려주세요.

보험도 중독이다

보험영업의 역사를 보면 처음에는 대면 설계사만 있었다. 보험은 꼭 설계사를 만나서 가입해야만 했던 시절이 있었다. 그래서 낯선 사람을 만나기가 부담스러운 사람은 보험 가입을 아예 할 수 없었다. 그래서 설계사도 보험을 가입했던 사람에게 또다시 찾아가 다른 보험의 추가 가입을 유도했다.

보험 자체를 싫어하거나 필요성을 전혀 느끼지 못하는 사람은 보험이 단 하나도 없는 경우가 많다. 심지어 필수라고 할 수 있는 실손보험도 가지고 있지 않다. 반대로 보험을 좋아하거나 중요성을 아는 사람은 여러 건의 보험을 가입하고 있을 확률이 높다.

그러다 어느 날부터 TM보험 영업이 등장하기 시작했다. 고객을 만나지 않고 전화로 보험을 판매한다는 새로운 발상은 성공적이었다. 보험설계사와 만나지 않고도 인터넷을 통해 상담 없이 가입할 수 있는 보험도 고객에게 통하기 시작했다.

보험에 관심은 있지만 평소에 바빠서 보험설계사를 만나 상담할 시간이 없는 사람들이 있다. 택시, 택배, 특히 운전 관련 직종이나 생산과 제조 관련 업종의 고객들은 시간을 내기 힘들다고 한

다. 업종과 상관없이 설계사를 만나는 것을 부담스러워하는 사람도 있다. 그럴 때 전화로 보험 상담을 받을 수 있다는 장점이 고객의 마음을 편하게 해주었다.

그런데 문제는 한 번 전화로 보험 가입을 한 고객에게는 보험회사에서 끊임없이 전화한다는 것이다. 한 명의 고객에게 여러 가지 보험을 계속 권유하는 것이다. 신기하게도 고객은 계속 가입한다. 운전자보험을 가입했던 고객에게 상해보험을 추가시킨다. 상해보험만 있으면 부족하다는 말에 질병보험도 가입한다. 그러다 암 진단금, 뇌, 심장, 수술비까지 결국 모두 가입한다. 처음 전화로 보험을 가입할 때는 낯설고 어색하다. 하지만 저렴한 보험료와 간단한 상품들을 판매하는 TM보험 영업의 특성상 고객도 어렵다고 생각하지 않는다. 보험설계사의 말을 계속 듣다 보면 홈쇼핑처럼 필요하다는 생각이 든다.

전화로 보험 가입을 한 고객들의 증권에서 유사한 점을 찾아볼 수 있다. 앞서 말한 대로 처음 가입한 이후 지속적으로 보험료가 늘어났다는 것이다. 고객들은 "저렴해서 가입했다", "이렇게 늘어날 줄 몰랐다"라고 말한다. "처음 보험에 가입한 이후로 계속 전화가 온다", "분명히 다 된다고 했는데 무슨 보장이 또 없다고 해서 추가했다"라는 것이다.

가입하기 편한 반면 상세한 부분을 놓칠 수 있다는 점을 반드시 염두에 두어야 한다. 홈쇼핑처럼 좋은 내용만 듣다 보면 장점과 단점을 제대로 가려낼 수 없다.

처음 A보험사를 통해 보험을 가입하고 나서 계속 전화가 온다. 대부분 추가 보험을 가입시키려는 의도이다. 그렇게 해서 한 보험 회사의 상품만 여러 건 가입하는 것이다. 그러나 회사마다 정해진 가입 한도가 있다. 한도가 꽉 찬 고객은 새로운 상품으로 변경해야 한다며 기존 보험을 해약하도록 권유하는데 자칫 중요한 보험을 해약하지 않도록 주의한다.

보상,
제대로 받자

보험을 가입한 고객의 최종 목적은 보험금 청구이다. 이 과정을 알아서 진행하는 고객은 많지 않다. 이때 가장 큰 도움을 주고자 나는 직원과 함께 손발을 맞춰 일하고 있다. 네이버 카페를 운영하는 목적 중에 하나도 가장 빠르게 진행을 도와주기 위해서다.

2019년 4월에 태아보험을 가입한 고객의 자녀가 출생 후 최근 발달지연으로 치료를 받았다. 질병코드는 R62.0에 해당된다. 2021년 초 출생한 자녀는 현재 치료 중이며 혼자 서거나 걷지 못하고, 언어 표현도 서툴다. 말하기 지연과 걷기 지연에 해당한다.

고객은 실손의료보험과 종합보험 2개를 가입했다. 종합보험의 만기를 30세와 100세 중 고민하다 100세로 결정했다. 통원 물리치료, 중추신경계 발달재활치료 등은 실손의료보험에서 보상받고

R62.0	지연된 이정표
R62.0	정상 생리학적 발달단계의 지연
R62.0	말하기 지연
R62.0	걷기 지연
R62.8	기대되는 정상 생리학적 발달의 기타 결여
R62.8	체중 증가 부전
R62.8	성장장애(소아기의) NOS
R62.8	영아증 NOS
R62.8	성장결여
R62.8	육체적 지연
R62.8	연증(軟證)
R62.8	지증(遲證)
R62.8	경증(硬證)
R62.9	기대되는 정상 생리학적 발달의 상세불명 결여

병명 [■] 임상적 추정 [　] 최 종 진 단	(주상병)이정표의 지연		질병분류기호 R62.0
발병 연월일		초진일	
	상기 상병으로 본원에서 외래 및 낮병동을 통해 재활치료 시행 중에 있습니다.		

있다.

태아보험을 가입하지 않는 산모들도 있다. 자녀가 건강하게 태어난다면 문제없지만, 요즘은 출생 후 자폐, 장애, 발달지연 등의

D12.6	상세불명의 결장의 양성 신생물
D12.6	결장의 선종증의 양성 신생물
D12.6	결장의 폴립증(유전성)의 양성 신생물
D12.6	대장의 양성 신생물 NOS
K29.1	기타 급성 위염

	한국 표준질병 분류번호
(주상병) 결장의 선종 (부상병) 미란성 위염	D 12.6 K 29.1

상기 환자 2021년 11월 4일 수면 위, 대장내시경 시행하였으며 용종 2개 관찰되어 용종절제술 시행하였습니다.
상기 진단하에 추적관찰 요합니다.

사례가 늘어나고 있다.

2019년 12월에 동료의 소개로 연락한 고객의 직업은 의사이다. 당시 실손보험과 종합보험을 가입했고 2021년 11월에 건강검진에서 대장용종이 2개 발견되어 당일 절제술을 받았다. 용종절제술로 인해 두 곳으로 나뉘어 가입해두었던 수술비에서 80만 원, 30만 원을 각각 보상받았다. 건강검진이라 하더라도 용종 제거 과정에서 발생하는 추가 비용은 실손에서 지급받을 수 있었다. 이외 종합보험에 가입해두었던 수술비 보장이 보험회사 두 곳에서 중복으로 보상되었다. 건강검진 과정에서 대장용종을 발견하는 사례가 늘어나고 있기 때문에 수술비 보험의 중요성이 부각되고 있다.

보험 해지도
잘 해야 한다

명분이 필요하다

보험 가입을 한 이후에도 다시 보험을 고민하는 가장 큰 이유
는 가족, 지인들의 영향이다. 가입한 보험상품이나 담당 설계사도
다른데 마치 똑같은 상품을 가입한 것처럼 이야기한다. 예를 들어
실손의료보험을 각자 다른 시기에 가입했고 보장 내용과 범위가
다른데 어떤 건 보상을 받았다, 어떤 건 못 받았다고 말한다. 상품
이 다르다는 생각보다 보장을 못 받은 보험이 무조건 나쁘다고 말
한다.

고객은 처음 보험 가입 이후 담당 설계사와 친밀하게 소통하는
경우도 있지만 그렇지 않을 수도 있다. 혹은 담당 설계사가 퇴사해
서 연락이 되지 않을 수도 있다. 특히 인터넷 보험이나 TM으로 가

입한 경우는 담당 설계사가 직접 보험금 청구를 도와주지 않는 경우도 있기 때문에 이런저런 사유로 주변의 설계사를 소개받는다. 고객이 보험증권을 보여주었을 때 보험설계사가 처음 가입할 때 들었던 내용과 다른 설명을 하면 고객은 혼란을 느낀다. 기존에 가입한 보험의 문제점을 들을 때마다 기분이 나빠진다. 그래서 일시적으로 화가 나 보험을 해지하는 경우도 있다.

처음 보험을 가입할 때 제대로 목적을 정하지 않으면 중간에 해지하기 쉽다. 보험은 시대적 특성을 반영해 리모델링을 할 수 있지만 합리적인 명분이 있어야 한다. 이를테면 갑자기 만성질환으로 고지혈증약을 복용하게 되었다고 가정해보자. 혈관질환으로 생길 수 있는 질병에 대한 보장이 이미 가입된 보험에 있는지를 살펴보고 없다면 그 부분만 보완하면 된다. 그런데 전체를 해지하면 동일한 상품을 다시 가입하지 못한다는 사실을 명심해야 한다. 이미 보험 연령도 바뀌어서 보험료도 다르다. 건강상 문제가 있다면 가입이 거절될 수 있다. 가장 중요한 것은 현재 보험시장은 상품 변경이 잦은 편이어서 해당 상품이 단종되었을 확률이 높다는 점이다.

명분 없는 보험 해지는 후회만 남길 뿐이다. 안타깝게도 돌이킬 수 없는 경우가 많기 때문에 가입과 해지 모두 신중해야 한다.

해지가 필요한 경우

보험 가입 후 리모델링을 하지 않는 고객들이 있다. 납입이 끝날 때까지만 기다리는 것이다. 그런데 고객들의 증권을 보면 가끔

해지 검토를 할 수밖에 없는 경우도 있다. 80세 만기에 납입한 보험료 전부 또는 일부 돌려받는 경우 특히 더 끝까지 유지해야 한다고 생각한다. 하지만 보험은 나의 미래를 위한 안전장치라는 목적이 크다. 환급금에 연연한다면 적립상품을 가입해야 한다. 보험은 보장 내용에 따라 유지 여부가 결정된다.

질병이나 상해로 인한 거의 모든 상황에 대해 보장받을 수 있는 보험, 위험률이 높아서 미래에 받을 확률이 높은 보험, 고객 맞춤 보험이 아닌 경우는 오래 유지한다고 좋은 것이 아니다. 생각보다 많은 보험료를 납입하면서 보장받을 확률은 거의 없는 담보들만 가입되어 있는 경우 해지를 검토해야 한다.

| 2009년 H보험사 변액CI보험 담보 내용 |

계약일자	2009년 02월 09일	계약기간: 2009. 2. 9~9999. 12. 31.		
만기일자	9999년 12월 31일			
가입담보	보장상세(지급조건)	보험 가입금액	보험기간/ 보험납입	보험료
……	……	……	……	……
주보험	보험기간 (종신) 중 사망하거나 장해분류표 중 동일한 재해 또는 재해 이외의 동일한 원인으로 여러 신체 부위의 합산 장해지급률이 80% 이상인 장해 시 • 『중대한 질병, 중대한 화상 및 부식 또는 중대한 수술』의 CI보험금* 기지급 계약 [우측보장금액+가산보험금] • 『중대한 질병, 중대한 화상 및 부식 또는 중대한 수술』의 CI보험금 미지급 계약 [우측보장금액+가산보험금] • 중대한 질병 또는 중대한 화상 및 부식으로 진단 확정받거나 중대한 수술 시 [우측보장금액+가산보험금]	2,000만 원 1억 원 8,000만 원	종신/33년	96,000원

(무)재해 사망특약	보험기간 중 재해를 직접적인 원인으로 사망하거나 장해분류표 중 동일한 재해로 여러 신체 부위의 합산 장해지급률이 80% 이상인 장해 시	1억 원	58년 / 33년	4,000원
(무)재해 상해특약	보험기간 중 동일한 재해로 인하여 장해분류표에서 정한 장해지급률 중 3% 이상 80% 미만에 해당하는 장해 시	1억 원	58년 / 33년	2,000원
(무)2대 질환진단 특약	보험기간 중 뇌출혈·급성심근경색증으로 진단 시(각 최초 1회 한)	2,000만 원	58년 / 33년	3,800원
(무)수술 보장특약	질병 또는 재해로 인하여 그 치료를 직접 목적으로 수술·신생물근치방사선조사분류표에서 정한 수술 시(수술 1회당) 1종 10만 원~5종 500만 원	1,000만 원	58년 / 33년	4,000원
(무)특정 질병입원 특약	특정질병 치료를 직접목적으로 4일 이상 계속 입원 시(3일 초과 1일당, 120일 한도)	1,000만 원	58년 / 33년	900원
(무)메디 케어보장 특약	• 최초 소액치료비관련암 또는 상피내암으로 진단 확정 시(각 1회에 한) • 최초경계성종양으로 진단 확정 시(단, 1회에 한) • 조혈모세포이식수술 시(단, 1회에 한)	100만 원	58년 / 33년	400원
(무)재해 치료특약	• 재해로 골절(치아파절 제외) 발생 시(발생 1회당, 동일 재해는 1회에 한) • 재해로 수술 시(수술 1회당, 화상수술 제외) • 재해로 화상이 진단 확정되고 그 치료를 목적으로 수술 시(수술 1회당) • 재해로 화상이 진단 확정되고 그 치료를 목적으로 4일 이상 계속 입원 시(3일 초과 1일당, 120일 한도)	3,000만 원	58년 / 33년	1,200원
(무)종신 입원특약	질병 또는 재해로 4일 이상 계속 입원 시(3일 초과 1일당, 120일 한도)	3,000만 원	종신 / 33년	8,700원
			보험료 합계	121,000원

* CI보험금: 제1보험기간 중 [보험대상자(피보험자) 나이가 80세 계약 해당일의 전일까지]

위 고객은 2009년부터 현재까지 13년간 보험료를 납입해오고 있다. 그런데 앞으로 납입할 기간 역시 20년 남아 있다. 총 33년 납입이다. 사망보험금 1억 원이 중대한 질병일 때도 80% 선지급 보장받는 CI종신보험이다. 처음에 암, 뇌, 심장질환 모두 보장받을 수 있고, 사망 시 사망보험금으로 보장된다는 설계사의 말에 가입했다. 그런데 문제는 '중대한 질병'이라는 문구가 반드시 동반되어야 보장받을 수 있다는 점이다. 특약의 경우에도 종신입원특약만 계산해도 33년간 내는 돈이 340만 원이 넘는다. 그만큼 입원할 수 있을까? 가장 흔한 1종 수술비도 고작 10만 원에 불과하다. 2대질환특약도 오로지 뇌출혈과 급성심근경색으로 뇌와 심장의 범위에서는 가장 낮은 수준의 보장금액만 가입되어 있다. 총보험료 12만 1,000원을 33년간 납입하면 거의 4,800만 원이다.

결론적으로 암, 뇌, 심장 질환 모두 보장받는다고 말할 수 없다. 사망보험금은 문제없이 유족이 받을 수 있다. 하지만 고객의 현 상황은 사망보험금이 필요하지 않다. 그런데 질병과 상해를 대신하기에는 보상 요건이 충족되지 않는 불안한 보험이기에 해지 검토를 고민해야 한다. 다행히 현재 해지환급률이 70% 이상이라 적립성 보험이 아닌데도 불구하고 해지환급금이 낮은 상황은 아니다.

갱신형 보험과 비갱신형 보험
사이에는 복층 설계가 있다

걱정할 필요 없다

갱신형 보험을 선택하는 고객은 대부분 한 살이라도 젊은 나이에 큰 보장을 받고 싶거나 최대한 저렴한 보험료를 원한다. 하지만 추후 보험료가 인상된다는 점을 반드시 감안해야 한다. 가입 당시의 보험료 측정 기준은 갱신주기다. 10년 갱신형이라면 가입 당시부터 10년 이내의 위험률만을 예측해서 계산한다. 그래서 보험료가 저렴한 탓에 보장금액을 올리기도 부담스럽지 않다. 그런데 10년 후 바뀐 의료수가, 보험회사 위험률, 고객의 연령과 직업은 초기화된다. 그렇기 때문에 보험료 인상 폭이 체감보다 훨씬 크다.

비갱신형 보험은 100세 만기라고 한다면 과거부터 현재까지 위험률과 미래분까지 예측해서 반영하기 때문에 중간에 보험료 변동이 전혀 없다. 납입기간까지 완료하면 이후 보험료 납입에 대한 부담 없이 긴 미래를 보장받을 수 있다. 문제는 그렇기 때문에 가입 당시의 보험료가 비싸다는 것이다. 갱신형 보험이 젊은 시기에 적절하다면 비갱신형 보험은 노후를 고려하는 보험이다. 그렇다면 이 2가지를 적절하게 활용할 방법은 없을까?

30세 남성 고객이 10만 원의 보험료를 납입한다고 가정해보자. 아버지의 뇌혈관질환 이력 때문에 가족력도 있다. 가장 중요한 실손의료보험은 무조건 갱신형이라 선택의 여지가 없다. 보험료 1만 원 미만의 실손보험을 계산하면 나머지 9만 원으로 중요한 보장을 정해야 한다. 갱신형 보험으로 암, 뇌혈관, 허혈성의 중요한 3대 진단금을 가입하기에 9만 원은 합리적인 보험료다. 그런데 갱신형 보험으로만 가입하면 20년 갱신형은 50세, 30년 갱신형은 60세 시점에 갱신해야 한다. 오히려 그 연령에 보험이 더 필요할 수 있다. 감당할 수 있을 정도의 보험료 인상이면 괜찮지만 최소 100% 이상 인상 예정이라고 해도 과언이 아니다.

이런 경우 2가지 방법 중 하나를 선택하면 된다. 첫 번째 방법은 30년 갱신형 상품과 비갱신형 상품을 각각 가성비 좋은 상품으로 찾는 것이다. 6만 원은 30년 갱신형 상품으로 3대 진단금을 가입하고 나머지 3만 원은 100세까지 보장받는 비갱신형 상품을 가입한다.

두 번째 방법은 하나의 상품 안에서 갱신형과 비갱신형 가입이 가능한 상품을 찾는 것이다. 100세까지 보장받는 진단금과 20년 혹은 30년간 보장받을 수 있는 구조를 함께 설계할 수 있다. 9만 원의 보험료 내에서 자유롭게 설계할 수 있다.

갱신과 비갱신 활용하기

갱신형 보험은 안 좋다, 비갱신형 보험이 좋다는 말을 고객들에게 자주 듣는다. 갱신형 보험은 5년, 10년, 20년 정해진 기간 안에 보장받기 때문에 저렴하지만 갱신 시 보험료가 인상된다. 비갱신형 보험은 90세, 100세 만기가 정해져 있기 때문에 미래에 대한 위험률까지 반영되어 보험료가 비싸지만 보험료 변동이 전혀 없다.

2가지 보험의 장점과 단점이 명확하기에 활용하기가 더 쉽다. 실손의료보험이 갱신형으로만 가입되는 이유는 간단하다. 국민보험이라 불리는 명성에 맞게 보험금 수령액도 많지만, 누구나 받을 확률이 높기에 대상 범위도 넓다. 하지만 미래에 얼마나 더 많은 사람들이 보험금을 탈 수 있을지 예상하기 힘들기 때문에 보험료 인상이 불가피하다. 고객도 중요한 상품임을 알기 때문에 최대한 많이 오르지 않기를 기대하면서 유지할 수밖에 없다.

실손보험 외에도 중요한 상품들이 있다. 앞서 얘기한 3대 진단금과 수술비가 대표적이다. 진단금은 최초 1회로 한정되어 있지만 수술비는 대부분 반복적으로 받을 수 있다. 예를 들어 대장용종, 백내장, 척추 등의 수술을 여러 번 하더라도 그때마다 보험금을 받을 수 있다. 이런 점을 이해하면 보험 구성을 고객의 성향대로 가입하는 것도 방법이다.

특히 보험료 때문에 보험을 기피하는 사람이 있다. 보험의 필요성은 어느 정도 알지만 주변에서 납입하는 보험료를 들어보면 너무 부담스럽다는 것이다. 보험료를 본인에게 맞출 수 있다는 생각을 하지 않는다. 그런 경우 갱신형 보험과 비갱신형 보험을 활용하는 방법을 알면 부담을 조금은 덜 수 있다.

특히 갱신형 보험을 잘 활용하면 보험료도 절감하고 보장도 합리적으로 받을 수 있다. 다만 갱신주기를 3년, 5년, 10년 등 짧은 단위로 가입하는 방법은 추천하지 않는다. 먼 미래보다 현재와 과거의 위험률을 주축으로 계산하는 갱신형 보험의 특성상 보험료가 저렴하다. 그런데 암, 뇌혈관, 허혈성처럼 우리나라 3대 질병은 앞으로 꾸준히 늘어날 전망이다. 그래서 갱신주기를 20년, 30년 등으로 최대한 길게 잡는 것이 암, 뇌혈관, 허혈성 등 위험률이 높은 진단금에는 유리하다. 반대로 수술비보험은 진단금에 비해 위험률이 낮기 때문에 갱신주기가 짧다고 해도 무난하다.

고객의 성향과 건강을 잘 반영할 수 있는 보험상품이 생각보다 많다. 그런 상품을 가입하기 위해서는 고객도 보험에 관심을 가져야 한다. 보험설계사의 능력과 고객의 관심이 합쳐지면 완벽한 보험을 만들 수 있다.

4장

내 삶을 지켜주는
설계사를 찾아라

설계사의
화법을 파악하라

'네'를 요구하는 화법

"모르겠다"는 말을 잘하는 사람은 거의 없다. 모른다고 말하려니 자존심이 상하기 때문이다. 보험설계사는 바로 이런 점을 이용한다. 예를 들면 "고객님, 암 진단 시에 중입자치료를 받으면 완치된다는 말은 들어보셨잖아요?" "뇌출혈보다는 뇌동맥류 진단이 많다는 건 아시잖아요?" "비과세 혜택이 갈수록 줄어들기 때문에 종신보험으로 비과세를 원하시는 분들이 많으시잖아요?" 설계사들이 설명하는 내용을 고객들이 모르는 경우가 많다. 하지만 고객은 모른다는 말을 하지 않는다. 대부분 "네"라고 대답한다.

설계사들이 말을 잘하면 고객은 주눅이 들어 물어보지 못하거나 아예 물어볼 내용이 생각나지 않는다. 게다가 보험 용어를 알아

듣지 못해서 질문할 수 없는 경우도 있다. 고객이 "모른다"라고 대답하면 실계사는 자세히 설명할 수밖에 없다. 하지만 모르면 안 된다는 전제하에 던지는 형식적인 질문에 고객은 자존심을 지킨다. 그래서 설계사의 설명에 "네"라는 대답만 하게 된다.

보험 상담에서 중요한 것은 고객과 설계사가 함께 참여하는 것이다. 그렇다면 고객의 눈높이에 맞춰 최대한 어렵지 않게 상담이 이루어져야 한다. 고객이 잘 모르는 내용들만 말하는 것은 일방통행이다. 보험설계사에게 모르는 내용을 물어보는 것은 창피하거나 자존심이 상하는 일이 절대 아니다. 상품 정보가 자주 바뀌는 보험업계의 특성상 보험설계사에게도 보험은 쉽지 않다. 그래서 모르는 부분은 반드시 질문해야 한다. 이해되지 않는다면 여러 번 듣고 물어보면서 상담의 정확도를 높이는 것이 핵심이다.

"필요하다"라고만 말한다

보험료 납입 자체를 좋아하는 사람은 거의 없다. 불안함과 필요성 때문에 보험을 가입하는 것이다. 고객은 보험의 종류를 잘 모른다. 자신에게 가장 필요한 보험을 원할 뿐인데, 그 방향을 잘 잡아주는 것이 보험설계사의 역할이다. 그래서 불필요한 보험료를 줄여주면 고객은 설계사에게 고마움을 느낀다.

아파서 병원에 갔을 때 수술해야 한다고 말하는 의사도 있지만, 그렇지 않다고 말하는 의사도 있다. 고객은 무조건 수술해야 한다는 말보다는 최대한 치료를 해보자는 말에 더욱 신뢰를 느낀다. 최근에 나의 어머니도 비슷한 말씀을 하셨다. "우리 의사 선생님 같은 명의는 없을 거야. 다른 병원에서는 무조건 수술하자고 하는데 이 선생님은 조금 더 두고 보자고 말씀하시고 점심도 거르면서 환자들을 봐주신다." 얘기 끝에 눈물을 살짝 보이는 어머니의 말씀은 진심이었다. 어머니는 평소 혈액투석으로 인해 인조혈관에 문제가 생기면서 여러 병원을 다니다 지금의 의사 선생님을 만나 수년째 치료받고 있다.

정말 많은 보장 내용이 모두 필요하다고 말하는 설계사가 있다. A설계사는 암, 뇌질환, 심장질환, 치매, 치아, 상해, 간병, 연금 등 많은 상품을 고객에게 권유한다. B설계사는 암, 뇌질환, 심장질환 정도면 충분하다고 말한다. 고객 입장에서는 어떤 설계사에게 더 끌릴까? B설계사에게 신뢰를 느낄 확률이 더 높다. 이유는 '고객의 상황'을 고려했기 때문이다.

고객 입장에서 A설계사와 비슷한 성향의 보험설계사를 만났을 때 무엇보다 질문하는 것이 중요하다. "그중에 가장 중요한 보장은 어떤 걸까요?", "설계사님은 제 상황에서 어떤 보장이 가장 필요하다고 생각하세요?"라고 질문해보자.

신규 가입, 보험 리모델링에서
물어봐야 할 질문

보험은 첫 가입이 핵심이다

"설계사님 보험 일 오래 하실 거죠?" 가끔 고객들이 이렇게 묻는다. "이번 생은 보험설계사로 남으려구요." 나의 대답에 고객과 함께 웃는다. 보험을 가입하는 고객은 보험상품에 대한 기대뿐 아니라 보험설계사에 대한 의존도 역시 높다. 오랫동안 자신의 보험을 관리해주기를 기대한다.

보험을 처음 가입하는 고객은 보험설계사와의 상담이 더욱 낯설다. 설계사의 설명에 아무런 질문을 하지 않는 경우도 많다. 보험에 대해 모르는 것이 당연한데도 고객은 모른다는 것을 드러내고 싶지 않다. 하지만 가장 중요한 것은 고객의 미래를 위한 보험이라는 점이다. 보험료도 누가 대신 내주는 것이 아니다. 결국 가장 관심을 가져야 할 사람은 바로 고객 본인이다.

"설계사님, 저는 보험료가 15만 원을 넘지 않기를 원합니다." "저는 10년 동안만 회사에 다닐 예정이라 납입기간이 그 이상이 되면 안 됩니다." "가족력 때문에 걱정되는데 꼭 필요한 우선순위 보장 3가지만 설계 부탁드립니다." 고객이 이렇게 명확하게 요청하면 나는 긴장한다. 그렇게 방향을 잡아달라는 것이고, 전문가의 의견이 필요하다는 의미이기 때문이다.

이외에도 특히 신규로 보험을 가입하는 고객이 설계사에게 질문하는 팁을 몇 가지 소개한다.

- 설계사의 소속 회사 파악하기: 한 곳의 보험회사에 소속된 설계사는 비교할 상품이 많지 않기 때문에 이왕이면 30곳 이상의 보험회사에 소속된 설계사가 유리하다.
- 상품에 대한 비교 제안서 요청하기: 월등히 나은 상품 한 가지를 제안받는 것도 좋지만 적어도 두 곳 이상의 제안서를 통해 여러 상품을 비교해보는 것이 선택하는 데 도움이 된다.
- 제안서를 선택한 설계사의 의중 확인하기: 제안서를 받을 때 그렇게 설계한 이유가 분명 있기 마련이다. 해당 상품의 장점과 단점에 대해 설명을 들어야 이해하는 데 도움이 된다.

보험을 처음 가입하는 신규 고객은 위 3가지를 알아두면 가장 중요한 보험 가입에 실패하지 않는다.

낡은 주택을 보수하려고 할 때 부분적으로 공사할 수도 있지만 신축에 가까운 리모델링을 해야 할 수도 있다. 주택도 10년, 20년, 30년이 지나면 여기저기 문제가 생긴다. 보험도 마찬가지다. 평균수명이 길어지면서 보험만기가 100세로 늘어났다. 암치료비가 높아지면서 암 진단금의 필요성도 더 커졌다.

최근에 소개로 강원도에서 만난 고객도 공감했다. "이제는 머리카락이 빠지고 고통스러운 약물에 구토를 동반하는 그런 치료를 하는 시대가 아니에요." 내 말에 고객이 맞장구를 쳤다. "맞는 말씀이에요. 제 친구도 이번에 유방암 진단을 받고 항암치료를 받았는데 힘들지 않다고 해서 놀랐어요." 고객도 이미 달라진 의료계의 최신 정보를 접하고 있었다. 주변에서 실제로 치료받는 사람들에게 이야기를 들은 것이다.

시대가 변화하고 의료기술도 발전하고 있다. 치료가 잘된다는 소식이 들리면 나와 가족의 보험을 점검하게 된다. 하지만 그때마다 보험 리모델링을 할 수는 없다. 3대 진단금처럼 중요한 보장 내용에 변화가 생길 때, 건강에 문제가 생겨서 만성질환으로 약을 복용할 때, 부모님이 고혈압, 당뇨, 고지혈증 등 혈관질환으로 약을 복용할 때가 리모델링을 하게 되는 중요한 시기다. 부모님의 질병은 곧 나의 가족력이기 때문이다. 하지만 그마저도 필요한 부분만 추가하거나 늘어나는 보험료가 부담된다면, 불필요한 기존 보장을 줄이면서 균형을 맞춰나가야 한다. 보험 리모델링은 필요할 수밖에 없다. 현명하고 똑똑한 리모델링을 위해 보험설계사에게 꼭 확인해야 할 몇 가지가 있다.

- 기존 보장의 범위보다 더 넓은 보장인지 확인한다.
- 보험료가 기존보다 너무 높지 않으면서도 보장 범위가 넓어지는 것이 보험 리모델링의 핵심이다.
- 리모델링 시점에 고객의 건강 상황과 맞는 보험인지를 확인한다.

보험사 한 곳만
권한다면?

설계사의 소속사를 먼저 확인하라

보험 가입을 결심하면 스스로 보험설계사를 찾는 비율보다 가족이나 지인들을 통해 설계사를 소개받는 경우가 대부분이다. 아는 사람의 소개라면 조금이라도 마음이 편하다. 그렇다면 설계사도 그렇게 생각할까? 내 경우는 소개받는 경우에 부담이 더 크다. 소개하는 고객은 본인이 흡족했거나 만족스러운 부분이 있었기 때문이다. 하지만 소개받은 고객도 좋은 결과가 나오리라고 장담할 수 없기에 더 신경 쓰인다.

요즘은 고객이 먼저 묻는 경우가 많다. "여러 곳의 보험을 하시는 거예요?" "몇 군데 보험을 알아봐 주실 수 있으세요?" 친구나 가족, 지인이 설계사라고 하면서도 내게 보험 리모델링을 요청하거나 신규 가입을 원하기도 한다. 주로 한두 곳의 보험회사 상품만 자꾸 추천하는데 보험을 잘 모르는 본인이 봐도 부족하다는 생각이 들기 때문이라는 것이다. 조금 더 다양하게 비교해보고 싶다는 얘기다.

현재 보험회사의 설계사는 원수사 설계사와 GA설계사로 나뉜다. 원수사 설계사는 한 곳의 보험회사 상품만을 취급한다. GA설계사는 생명보험과 손해보험을 거의 모두 판매할 수 있고 대부분 30곳 이상의 회사를 살펴볼 수 있다. 당연히 여러 곳의 회사와 상품을 비교할 수 있는 설계사가 더 유리하다. 그래서 상담 전에 설계사의 소속 회사를 먼저 확인할 필요가 있다.

최근 원수사 설계사들이 상품 비교에서 유리한 GA설계사들에게 고객을 빼앗기는 문제를 해결하기 위한 편법이 생겨났다. 원수사 설계사의 고객이 여러 보험회사 상품을 비교하고자 한다면 GA설계사에게 고객을 양도하면서 수수료를 챙기는 것이다. 하지만 고객은 원수사 설계사를 믿고 계약하는 경우가 많아서 추후 문제가 생길 수 있다. 이런 경우는 고객에게 솔직하게 말하고 설계사를 직접 만나 정식으로 보험 상담을 진행해야 문제가 생기지 않는다.

제안서를 확인하라

뇌혈관질환 진단금 하나도 상품마다 보험료가 다르다. 나이와 직업이 같아도 보험회사마다 다르기 때문에 가성비 좋은 상품을 가입하기 위해서는 여러 곳을 비교해볼 수 있는 설계사가 유리하다. 그런데 고객에게 일률적으로 같은 상품을 권하는 설계사가 있다. 보험회사에서 매달 판매 독려를 위해 만들어둔 시책을 보고 상품을 선택하는 경우이다.

보험회사는 상품의 경쟁력을 위해 매달 시책을 공지한다. 설계사는 그 시책을 보고 자신에게 이익이 많이 떨어지는 상품을 여러 고객에게 똑같이 추천한다. 보험사 한 곳만 권한다면 의심해볼 필요가 있다.

GA 보험사에 근무하더라도 여러 상품을 비교할 줄 모르는 설계사도 많다. 각 보험회사 전산에 접속하기는 쉽지 않다. 에러가 나거나 전산 충돌로 컴퓨터 이상이 생기는 경우가 다반사다. 결국 각 보험회사 매니저를 통해 확인해야 하는데 그마저도 쉽지 않다. 귀찮은 절차를 밟고 싶지 않아서 아예 시도조차 하지 않는 설계사들이 있다.

고객에게 가장 좋은 방법은 처음부터 보험설계사의 소속을 확인하고 몇 군데 보험회사와 상품을 비교해달라고 요청하는 것이다. 물론 경쟁력이 월등히 좋은 하나의 상품이 있더라도 최소 2가지 이상의 제안서를 놓고 보면 확연한 차이를 느낄 수 있다. 차이점을 이해하면 고객도 보험에 관심을 갖게 된다. 고객이 참여하는 보험이 오랜 시간 유지할 가능성이 높다.

보험증권 분석 능력을
확인하라

해지만을 강조하는 설계사?

리모델링을 할 때 설계사의 능력이 가장 발휘되어야 하는 부분 중 하나가 보험증권 분석이다. 동일한 보험증권을 가지고도 설계 사마다 해석이 다를 수 있다. 객관적인 해석을 할 줄 아는 설계사 와 그렇지 못한 설계사가 있으므로 분석 능력을 확인해야 한다.

리모델링을 할 때 모든 증권이 좋지 않다고만 말하는 설계사는 의도상의 문제가 있다. 실제로 고객의 보험 대부분이 문제가 있는 경우도 있다. 하지만 어떤 문제가 있는지 명확하게 설명할 수 있어 야 한다. 어떤 이유로 보험에 문제가 있으며, 어떻게 하는 것이 보 험의 난점을 메울 수 있는지를 말해준다면 고객도 이해한다. 하지 만 일련의 설명도 없이 무조건 나쁘다고 하면 고객은 반감이 생길 수 있다. 여러 차례 언급했듯이 단점만 있는 보험은 없다. 분명 장점도 있기 마련이다.

80세 만기로 보장이 끝난다는 것 외에 보장 내용에는 문제가 거의 없는 52세 여성 고객의 증권을 분석해준 적이 있다. 고객은 다른 설계사에게 모두 해지해야 한다는 설명을 들었지만 더 알아볼 필요가 있다는 생각에 소개를 받고 내게 연락했다. 고객의 증권을 보니 암 진단금이 3,000만 원 가입되어 있었다. 갑상선암도 포함되어 있고, 암통원비, 암입원비, 암수술비 등 암보험으로 괜찮은 내용이었다. 해지를 권유한 설계사는 "80세 만기가 너무 짧다, 암 진단금이 적다, 무조건 보험은 100세로 가입해야 한다"라고 얘기했다는 것이다. 납입도 5년밖에 남지 않았는데 말이다.

설계사 말대로 기존 보험을 해지한다고 가정해보자. 15년 전 보험을 가입할 때 고객의 나이는 37세였다. 현재는 암 위험률도 많이 높아진 상태다. 고객의 건강은 과거에는 문제가 없었지만 현재는 고지혈증과 관절염 약을 복용 중이다. 현재 기준으로 감안해도 갑상선암의 경우 52세 고객은 1,000만~2,000만 원 이상 가입할 수 없다.

2006년 전후로 갑상선암은 보험회사 진단금 손실률로 인해 유사암, 소액암으로 축소되면서 보장금액도 줄었다. 단지 100세 만기로 보장기간을 늘리기 위해 오랜 시간 납입해온 보험을 해지해야 할까? 나는 '유지'하라고 말할 것이다. 고객에게 해지만을 권유하는 설계사는 오직 영업이 목적인 경우가 많다.

필요한 보장을 추가해야 하는 상황이라면 보험료를 늘리는 것이 부담스러울 것이다. 그런 경우 기존의 보장 내용 중에서 불필요한 부분을 해지하면 된다. 물론 부분적으로 해지할 수도 있고, 전체를 없애야 하는 경우도 있다. 혹은 오랜 시간 납입했다 하더라도 보험의 기능을 할 수 없을 정도라면 해지를 검토하는 것이 맞다. 정확한 명분이 있다면 해지 역시 리모델링 과정 중 하나이다.

2000년 이전 보험

보험 리모델링 요청이 들어오면 고객에게 증권을 받아야 한다. 증권을 잘 보관하는 고객보다 증권이 없는 고객이 더 많기 때문에 개인정보 동의를 받고 보험회사 전산으로 조회하는 경우가 흔하다. 몇 건의 보험이 어떤 회사에 가입되어 있는지 모두 확인할 수 있어서 편하다. 그런데 2000년 이전 보험계약 혹은 우체국과 신협처럼 공제조합의 가입 건은 전산으로 확인할 수 없는 경우가 있다. 그래서 "혹시 2000년 이전 계약이 있으신가요?"라고 묻는다.

2000년 이전에 가입한 보험을 현재까지 납입하고 있는 고객도 있고, 납입이 완료된 고객도 있다. 납입이 끝난 보험이 있는지 없는지를 묻는 설계사도 있지만 묻지 않는 설계사도 있다. 여기에서 설계사의 보험증권 분석 역량과 의중을 알아챌 수 있다.

보험 리모델링의 가장 기초는 고객이 보유한 모든 보험증권을 확인하는 것이다. 전산으로 눈에 보이는 증권만 대략 분석하는 설계사는 영업 목적이 강하다. 그런데 모든 증권을 달라고 요청하면 오히려 귀찮아하며 "그냥 설계사님이 보실 수 있는 것만 설명해주세요"라고 말하는 고객이 있다. 그러면 나는 이렇게 말한다. "그러면 보험 리모델링이 제대로 되지 않습니다. 나중에 보험증권을 모두 취합하시면 다시 연락주세요."

납입이 완료된 보험이든, 오래전 가입해서 아직까지 납입하고 있는 보험이든 중요한 것은 그 보험이 고객에게 줄 수 있는 가치가 있느냐 없느냐이다. 부모님이 보험료를 다 내주고 있다 해도 가족의 돈이다. 추후 고객에게 필요한 상황이 되었을 때 오래된 보험이라서 보험금이 나오지 않는다고 하면 너그럽게 넘어가겠는가?

고객의 증권을 제대로 평가해주려는 마음 자세와 처음부터 제대로 진행하려는 태도를 가진 설계사를 만난다면 고객은 완벽한 보험을 가질 수 있다.

보험금 청구가
능력이다

고객에게 가장 필요한 순간

"가입할 때는 설계사가 그렇게 여러 번 찾아오고, 전화도 자주 하더니 가입 후에는 연락도 없어요." "평소에 연락하지 않는 것은 상관없는데 보험금을 청구하려고 할 때마다 설계사가 전화를 안 받아요." 보험 리모델링 상담을 요청한 고객들의 말이다.

보험을 가입하는 이유는 보험금을 받게 될 상황에 대비하기 위해서이다. 그때 보험설계사가 도와준다면 고객은 보험의 가치와 의미를 더욱 느낀다. 특히 고객의 보험금은 설계사가 개입하고 도와주면 액수가 달라지기도 한다.

2년 전 50대 남성 고객은 건설현장에서 일하던 중 추락 사고로 심한 척추골절을 입고 허리와 다리에 핀 삽입수술을 받았다. 이후 보험금을 청구하는 과정에서 담당 설계사의 도움을 전혀 받을 수 없었다. 심지어 설계사가 친척이었는데도 그만둔 이후 연락이 되지 않았다. 증권을 분석해보니 상해수술비와 입원일당은 바로 청구할 수 있었다. 문제는 정작 중요한 실손의료보험이 가입되어 있지 않다는 것이었다. 하지만 당시 손해사정사와 조력자들 덕분에 다행히 직장에서 산재 처리를 받았다. 그럼에도 고객이 걱정하는 것은 당분간 일할 수 없다는 사실이었다. 결국 생계가 문제였다.

6개월 후 우리는 상해후유 3% 보험금을 추가로 보험회사에 청구했고 50대 남성 고객은 약 2,000만 원 정도의 보험금을 받았다. 상해후유 3%는 고객이 보험회사를 상대로 개인적으로 청구하더라도 쉽게 받을 수 없다. 게다가 고객은 당연히 그런 보장 내용이 가입되어 있는지도, 어떤 때 보장받는지도, 어떻게 청구해야 하는지도 전혀 모른다. 고객에게 가장 필요한 순간에, 가장 크게 도움을 줄 수 있는 설계사들이 많이 생겨나길 바랄 뿐이다.

실손의료보험 선지급 이용하기

보험증권, 청약서, 약관에는 많은 내용들이 적혀 있다. 가입할 때 대략적으로 이해했다 하더라도 가입 이후 시간이 지날수록 고객은 보험 용어가 어려울 뿐이다. 보험제도 역시 모르는 경우가 대부분이다. 고객들은 보험료만 내면 나머지는 설계사와 보험회사가 알아서 해준다고 생각한다.

고객에게 좋은 설계사란 많은 보험금을 받을 수 있도록 적극적으로 도와주는 설계사이다. 하지만 그보다 더 좋은 설계사는 고객이 아픈 순간에 외면하지 않는 것이다. 고객이 보장받을 수 없다 하더라도 빠르게 응대해준다면 고객은 고마움을 느낀다.

어느 날 40대 여성 고객의 딸에게 전화가 왔다. "설계사님, ○○○ 고객 딸인데요"라고 말하는 목소리에는 어둠이 가득했다. "네, 안녕하세요. 실례지만 무슨 일이신가요?"라고 조심스레 물었다. "엄마가 쓰러지셔서 병원에 계시는데 혹시 보험금을 받을 수 있을까요?" 40대 여성 고객은 공장에서 야근하고 집으로 돌아와 욕실에서 갑자기 쓰러졌다는 것이다. 응급실로 급하게 옮겨졌지만 벌써 열흘 넘게 중환자실에 있었다. 문제는 병원비였다. 딸은 아직 고등학생이었고, 가족은 엄마와 딸 둘뿐이었다.

안타까운 일이라 해결점을 찾아야 했다. 다행히 2012년 7월부터 금융감독원에서 주관한 제도가 생각났다. 의료비 신속 지급 제도가 그것이다. 실손의료보험의 선지급 형태라고 말할 수 있다. 일반적인 실손의료보험은 치료 후 고객이 먼저 병원비를 정산하고 이후 보험회사에 청구한다. 하지만 계약자가 돈이 없거나, 의료비가 비싼 경우에 중간 정산을 통해 예상 보험금의 70%를 미리 지급받을 수 있다.

설계사의 적극적인 보험금 청구는 위태로운 상황에 놓인 고객을 살릴 수 있다. 고객의 삶을 지켜주는 설계사가 많아진다면 보험업계의 미래도 더욱 밝을 것이다.

고객의 입장에서
상담해주는 설계사

고객의 이득을 생각하는 설계사

"아직 파마할 때 안 됐어요. 한 달 더 있다가 하세요, 어머님." 내가 자주 다니는 미용실 원장이 60대 고객에게 하는 말이다. 60대 고객은 파마를 하러 미용실을 찾아왔다. 그런데 미용실 원장은 나중에 하라며 오히려 손님을 말린다.

돈을 좇는 원장이었다면 파마할 필요 없다고 굳이 말리지 않을 것이다. 오히려 경제적으로 여유 있는 고객에게 고가의 헤어케어를 권할지도 모른다.

보험도 마찬가지다. "고객님, 현재 보험은 당분간 유지하셔야 해요. 저한테 말씀하셨던 병원 치료 이력 때문에 지금 보험 리모델링을 하면 오히려 손해거든요." 설계사가 솔직하게 고객을 위한 상담을 해준다면 고객은 고마운 마음을 느낀다.

2020년 7월에 보험 리모델링 상담을 했던 고객의 갑상선 치료 이력 때문에 2020년 12월까지 고객에게 기다릴 것을 권유했다. 12월이 지나면 치료 이력이 5년 경과되어 보험 리모델링을 할 때 패널티가 없기 때문이었다. 하지만 고객은 다른 설계사에게 즉시 리모델링을 해야 한다는 말을 들었다는 것이다. 기다리는 동안에도 고객은 불안한 마음에 수시로 나에게 연락해서 확인했다. 그리고 2020년 12월 합리적인 리모델링을 진행했다. 즉시 리모델링을 해야 한다고 말했던 다른 설계사의 제안서와 나의 제안서를 비교해보며 고객은 그제야 웃었다. "설계사님이 왜 기다리라고 하셨는지 알 거 같아요. 그동안 저 때문에 힘드셨을 텐데 죄송해요."

일부 설계사들은 고객에게 바로 계약할 수 있는 할증된 상품을 권유한다. 몇 달만 기다리면 할증 없는 상품으로 리모델링할 수 있는데 말이다. 설계사 본인의 보험이었어도 할증을 권유했을까?

설계사의 성향 파악이 중요하다

외모에서도 사람의 성격이나 분위기는 어느 정도 드러난다. 신발을 꺾어 신는 사람은 부지런해 보이지 않는다. 머리를 빨간색, 파란색 등으로 염색한 사람은 왠지 개방적으로 보인다. 이처럼 다른 성격과 성향은 업무 방식에도 반영된다.

문자보다는 카카오톡 메신저를 사용하는 사람들이 많다. 메신저를 바로 읽고 확인하는 사람도 있지만 그렇지 않은 사람도 있다.

내 경우는 성격이 급해서인지 바쁜 경우에도 메신저나 문자가 오면 간단하게라도 답장을 보낸다. 역지사지(易地思之)라고, 입장을 바꿔서 생각해보자. 고객은 나를 믿고 보험 가입을 했는데, 신속하게 연락되지 않는다면 기분 나쁠 것이다.

주말에만 상담이 가능한 고객이 있다. 설계사에게 주말 상담을 요청하고 싶지만 고객은 쉽게 말을 꺼내지 못한다. "고객님, 주중과 주말 중에 어떤 때가 편안하시겠어요?" 설계사가 먼저 물어본다면 고객은 주말 상담을 편하게 요청할 것이다. "고객님, 퇴근 후에 더 편안하시겠죠?"라고 설계사가 직장인 고객에게 물어봐 준다면 고객은 마음 편하게 퇴근 이후 상담을 요청한다. 설계사의 질문에 따라 고객은 편안함을 느낄 수도, 불편함을 느낄 수도 있다.

"저도 저녁 시간에 상담하는 것이 더 편하더라고요." "보험을 잘 모를 때 설계사가 친절하게 요모조모 설명해주니까 너무 좋더라고요." "가입 이후에도 전화를 잘 받아주고 모르는 걸 물어보면 항상 친절하게 말해줘서 오랜 시간 설계사랑 연락하며 지냈거든요." 이처럼 고객이 먼저 말하지 않아도 질문해주는 설계사는 고객을 충분히 배려하는 것이다.

계약한 설계사가
퇴사하면?

담당자 지정을 요청해라

'고아고객'이라는 말이 있다. 담당 설계사가 없는 고객을 뜻한다. 처음에는 분명 계약을 도와준 설계사가 있었다. 하지만 보험설계사가 그만뒀거나, 다른 보험사로 이직하면 담당 설계사가 바뀐다.

보험업계에 처음 입문하는 설계사들 중 소수는 전혀 모르는 타인에게 보험을 판매한다. 하지만 대부분의 설계사들은 가장 편한가족, 지인, 친구들을 통해 계약한다. 문제는 적성에 맞지 않는다며 얼마 되지 않아 그만두거나 이직하는 빈도가 높다는 것이다. 그렇게 되면 설계사를 믿고 보험 가입을 한 고객들은 상실감과 배신감까지 느낀다고 한다.

어느 날 고객에게 사고가 생겼을 때, 담당자가 없으면 고객이 문의할 곳은 보험회사 콜센터뿐이다. 하지만 콜센터도 담당자를 통해 문의하라는 말만 되풀이한다. 결국 고객만 어려움을 겪게 된다. 담당자가 퇴사했다면 보험회사와 해당 지점을 통해 새로운 담당자를 지정해달라고 요청해야 한다. 어떤 보험 대리점은 담당자가 퇴사하면 자동으로 다른 설계사를 배정한다. 그렇지 않은 곳도 있기 때문에 고객이 담당자 여부를 확인할 필요가 있다.

관리해줄 설계사 찾기

보험 리모델링을 상담할 때 가장 많이 듣는 얘기 중 하나는 아는 사람을 통해 보험을 가입했다는 말이다. 그다음으로는 "그만두었다", "연락하지 않는다", "그 사람 때문에 보험을 해지했다", "담당자를 바꾸고 싶다" 등이다. 보험 리모델링은 보험을 제대로 정비하고 싶은 마음도 있지만 기존 설계사들에 대한 불만을 계기로 시작되기도 한다.

어느 날 50대 교사가 보험 리모델링을 요청해 상담을 진행했다. "처음에 계약하고 관리했던 담당자가 갑자기 퇴사했어요. 그리고 새로운 담당자라고 연락이 와서 만났는데 다짜고짜 보험을 왜 이렇게 들어놨냐고 하는 거예요." 고객의 목소리는 차분했지만 기분이 상한 표정이었다. 고객의 보험증권은 문제점도 있었지만 그대로 유지해야 할 부분도 있었다. 나에게 신뢰를 느낀 고객은 담당자를 맡아달라고 요청했다.

이 고객은 기존 보험을 모두 나에게 이관 신청했지만 일부 계약들만 변경할 수 있었다. 대면, 전화, 대리점 등의 사유로 이관되지 않는 계약도 있기 때문이다. 하지만 일부라도 담당자가 된다면 나머지 계약들도 전산으로 확인할 수 있다. 보험금 청구를 비롯해서 다른 업무들도 도와줄 수 있기 때문에 고객은 불편해하지 않았다. 믿고 맡길 보험설계사를 담당자로 지정하면 고객이 편하게 보험을 유지할 수 있다.

5장

보험 플랜
세우기

보험에 대한
이해

후회 없는 보험 만들기

보험 리모델링을 의뢰하는 고객과 상담할 때 가장 아쉬운 점은 처음에 제대로 된 보험을 가입했더라면 하는 것이다. 특히 생각보다 많은 보험료를 지출하는 고객들이 안타깝다. 급여의 50% 이상을 보험료로 납입하던 고객이 보험을 해지할 때, 형편이 어려운 상황에서 무리하게 보험료를 납입하다 결국 해지할 때는 고객의 손해가 너무 크다.

처음에 조금 더 신중하게 관심을 갖고 본인에게 필요하고 경제력에 맞는 보험, 가족력을 고려한 보험을 가입한다면 중도해지를 하거나 손해 볼 가능성이 적다. "그냥 어쩌다 보니 보험료가 늘어났어요", "이렇게 보험료가 많아질 줄 몰랐어요", "아는 사람이 좋다고 하니까" 등의 볼멘소리를 하며 고객들은 후회한다.

보험은 우리 생활과 밀접한 연관이 있다. 필요와 가치를 인정해서 고객 스스로 가입하는 비율이 과거보다 높다. 코로나19 이후에도 전염병이나 상세불명 등의 원인 모를 질병들이 점점 늘어나는 시대에 우선시되는 것이 바로 보험이다.

지금은 환경적, 외부적 영향을 많이 받는 시대다. 하다못해 먹는 음식도 질병을 일으킨다. 의료기술의 발달로 사람의 평균수명은 지속적으로 늘어나고 있다. 빠른 은퇴와 길어진 노후를 대비하는 가장 중요한 방법은 '의료비'를 준비하는 것이다.

무작정 선택하는 보험은 나에게 도움은커녕 손실을 안겨줄 수 있다. 관심을 갖고 시간을 투자해서 준비하는 보험은 나와 가족의 미래를 안전하게 보호해준다. 따라서 처음 보험에 가입할 때 신중해야 한다. 기존에 가입된 보험도 과다한 보험료나 보장 내용이 충실하지 못한 경우 리모델링으로 바로잡아야 한다.

기본적으로 중요한 보험들은 알아두면 후회 없는 보험을 만드는 데 도움이 된다. 각각의 보장 내용들을 참고하면 보험을 이해하는 데 도움이 될 것이다.

실손의료보험

실비보험, 의료실비 등으로 불리며, 정식 명칭은 실손의료보험이다. 아프면 질병이고, 다치면 상해이다. 거의 모든 질병과 상해에 대해 고객이 실제로 지출한 의료비까지 보장해준다. 100원을 받으면 130원을 고객에게 내준다고 할 만큼 손실률이 높아진 탓에 보장 조건과 보험료가 변경되고 있다. 그럼에도 딱 한 가지 보험만 가입해야 한다면 무조건 실손의료보험이라고 할 정도로 중요하다.

2021년 7월 4차 실손의료보험으로 개정되었다. 실손의료보험으로는 벌써 네 번째 기준이 바뀐 것이다. 현재 4세대 실손의료보험 기준으로 입원의료비 한도는 최대 5,000만 원, 통원의료비 한도는 약제비 포함 20만 원으로 보장이 가능하다.

3대(암, 뇌혈관, 허혈성) 진단금보험

평균적으로 남성 3명 중에 1명이 암 진단을 받을 수 있다고 한다. 사망 원인 1위는 여전히 암으로 십수 년째 부동의 1위를 차지하고 있다. 환경적인 영향과 식습관으로 인해 암 진단율은 지속적으로 올라가는 추세다. 과거에 비해 암치료에 필요한 진단금 수요가 높아지는 이유는 완치율과 고가의 비급여치료가 많아졌기 때문이다. 과거처럼 암은 힘겨운 치료를 동반한다는 인식이 사라지고 있다. 불치병과 난치병의 차이는 말 그대로 치료의 차이다. 결국 실손의료보험으로도 충당하기 어려운 고가의 치료는 돈 문제이기에 진단금이 중요하다. 참고로 암보험은 진단금 위주로 가입할 것을 추천한다.

암보험을 가입할 때 여러 특약을 선택할 수 있지만 우선순위는 암 진단금이다. 그 외 보험료를 낼 여력이 된다면 암입원일당, 암수술비, 항암방사선치료비, 표적항암치료비 등의 특약을 선택하면 된다. 반대로 암 진단금을 너무 낮게 선택하고 이외 특약들만 많이 가입하는 것은 추천하지 않는다.

암 다음으로 진단률이 높은 뇌혈관, 허혈성 진단금은 더 이상 어르신들의 이야기가 아니다. 20~30대 젊은 연령층도 고혈압, 당뇨, 고지혈증으로 2차적인 뇌와 심장의 문제로 이어지는 빈도수가 높아졌다. 스트레스, 환경, 가족력의 영향이 높은 뇌와 심장 질환에 대한 준비가 필요하다. 특히 심장질환은 반복적으로 수술하는 빈도수가 많기 때문에 별도로 수술비보험을 선택하는 것이 좋다.

종신보험과 정기보험

사망에 대한 보험금을 나누는 기준은 보장기간을 정하는 만기다. 정해진 날짜 없이 죽는 날까지 보장하는 보험이 종신보험이다. 그에 반해 딱 정해진 기간 동안만 사망에 대해 보장하는 것이 정기보험이다.

설명만 들어봐도 종신보험이 비싸다는 생각이 든다. 반대로 정기보험은 보험료가 그만큼 저렴할 수 있다. 사망보험금이 필요한 고객은 종신보험과 정기보험의 차이를 잘 살펴보고 목적에 맞게 선택해야 한다.

사망보험금을 가입하는 가장 큰 이유는 경제주체가 되는 가장의 갑작스런 사망으로 가족들이 경제적으로 어려움에 처할 수 있기 때문이다. 거기에는 세부 목적이 있다. 자녀양육자금, 주택 대출금 상환, 치료 중인 가족을 위한 의료비, 부모님 부양 등의 목적으로 가입하는 경우가 많다. 정확한 목적에 부합하는 내용으로 종신보험과 정기보험 중에 필요한 것을 선택한다.

연금보험

대표적인 공적연금으로는 국민연금이 있고, 사적연금으로는 개인연금이 있다. 2가지를 적절하게 활용하는 방법도 이상적이다.

국가에서 시행하는 대표적인 사회적 연금보장제도는 국민연금이다. 18세 이상부터 60세 미만의 국민 전체를 대상으로 의무적으로 실시하고 있다. 직장인들은 회사에서 절반을 내주기 때문에 실질적으로는 매월 소득에서 4.5%를 납부하고 있다. 국민연금은 물가상승률이 반영되는 장점이 있다. 사망 시까지 평생 받을 수 있고, 사망 후에는 배우자나 자녀에게 유족연금으로 지급된다. 하지만 중도해지는 불가능하고, 연말정산 시 소득공제가 가능하다.

개인연금은 자율적으로 선택할 수 있으며 15세부터 가입할 수 있다. 물가가 상승해도 실질가치가 보전되지 않아서 연금액이 증가되지는 않는다. 보험사의 정해진 이율로 연금액이 결정된다. 사망 시까지 평생 받는 연금 방식 또는 일정 기간 지급 중 선택할 수 있다. 사망 후에 남아 있는 연금액은 배우자나 자녀에게 지급된다. 중도해지가 가능하며 연말정산 시 소득공제 여부는 상품에 따라 다를 수 있다.

개인연금은 20세 때 가입하는 경우와 30세 때 가입하는 경우 연금액이 현저하게 다르다. 30만 원의 보험료를 20년간 납입한다면 납입총액은 똑같다. 하지만 두 사람 모두 65세 때 받는 연금액은 다르다. 20세 때 가입한 고객의 보험료는 보험회사가 투자한 기간이 더 길기 때문이다. 보험회사가 고객의 돈을 운영하는 기간이 길어질수록 더 많은 보험금을 고객에게 돌려준다.

시중금리가 낮아진 탓에 제로금리라는 말은 더 이상 가상이 아니다. 은행권과 제2금융권에서 저축으로 수익을 바라기 어렵다. 보험업계도 연금보험에 대한 부담감을 안고 있기 때문에 상품을 제한적으로 판매하고 있다. 아직 경쟁력 있는 상품이 남아 있으니 연금 가입을 미루지 말 것을 제안한다.

어린이보험

30세 미만 어린이보험은 보험업계에서 낯설지 않다. 태아부터 만 30세 성인까지 가입 가능하다.

과거 어린이보험은 안과질환, 치과질환, 컴퓨터과잉질환, 추간판장애 등 성장 과정에서 생길 수 있는 어린이질환을 담보하는 것들이 많았다. 하지만 현재는 성인들의 보장 내용에서 가입금액을 더 높여 자녀들이 저렴하게 보장받을 수 있다. 그 외 선천이상과 장애 관련 담보, 영유아 시기에 취약한 유행성 감염병과 성장판 관련 보장 내용들은 태아보험과 어린이보험에서 가입할 수 있지만 각각 연령 제한은 있다.

어린이보험의 최대 장점은 감액기간이 없다는 것이다. 암, 뇌혈관, 허혈성 진단금의 경우 성인은 90일 이후 50%, 1년이나 2년 이후 100%로 감액기간이 정해져 있지만 어린이보험은 즉시 보장 가능하다. 단, 15세 이상은 90일 감액기간을 정해둔 보험사도 있으니 확인해야 한다.

특히 건강과 육아상담, 자녀양육심리검사, 자녀 성장정보 모니터링 등의 헬스케어 서비스는 보험회사마다 치열한 경쟁 요인이 되기도 한다.

마지막으로 납입면제 사유 또한 강점이다. 성인의 경우 납입면제 상품은 암(유사암 제외), 뇌졸중, 급성심근경색증이 대부분이다. 하지만 어린이보험은 암, 유사암, 뇌혈관질환, 허혈성심장질환 시 납입면제를 해주는 상품이 많다. 일반 보험에 비해 납입면제 조건은 어린이보험의 가장 큰 장점이다. 거기에 연령도 30세까지 가입할 수 있어서 성인들도 어린이보험에 가입하는 것이 훨씬 유리하다.

어린이보험은 보험사마다 경쟁력을 갖추고 있기 때문에 특히 꼼꼼하게 비교해본다면 가성비 좋은 보험을 찾을 수 있다.

상해후유보험

최근에는 인식이 나아져서 필요성을 아는 설계사도 많아졌다. 과거에는 설계사들도 잘 알지 못하던 보장 내용 중 하나이다. 하지만 보험금 지급액수가 높아지면서 관심받고 있다. 일상생활 중 일어날 수 있는 모든 우연하고 급격한, 외래적 사고는 전혀 예측할 수 없다. 누구에게나 일어날 수 있는 일이다. 이런 사고로 수술해야 하는 경우 역시 빈번한다. 물론 수술이 단서 조건은 아니다. 대부분 사고 이후 수술받는 경우가 많은 것은 사실이다. 상해는 골절이나 파열이 많기 때문이다.

상해후유보험은 사고 후 180일이 지나면 담당 의사로부터 장해 진단서를 받을 수 있다. 다친 후 치료했는데도 여전히 남아 있는 영구적인 혹은 일정 기간 동안(한시적) 생기는 신체 훼손을 의미한다. 여기서 중요한 점은 바로 몇 %에 해당하는가이다. 최소 3%부터 후유장애로 인정해주는 보장 내용은 고객이 큰 사고가 아니더라도 받을 확률이 높다. 1억 원으로 가입금액이 정해진 상해후유보험이 3~80%를 받는 구조로 되어 있다면 받을 수 있는 구간이 많다. 앞서 말한 대로 큰 사고가 아닌 골절로 핀 삽입수술, 파열로 인한 수술 후 5% 정도의 후유장애가 나오는 경우는 흔하다. 1억 원에 5%를 곱하면 500만 원의 후유금을 받을 수 있다. 그런데 80% 이상이라면 정말 큰 후유증을 남긴 사고여야 하기 때문에 80% 이내에서는 받기 힘들다. 3~100%로 되어 있는 숫자 표시가 가장 고객에게 도움이 되는 보장 내용이다.

작은 사고부터 큰 사고에 이르는 후유금을 넓은 영역으로 받기 위해서는 3~100%를 기억할 필요가 있다. 물론 80% 이상의 중증후유장애를 받고 생존하는 경우도 있다. 이 경우를 위해 결국 100% 구간까지 보장받을 수 있는지를 확인해야 한다. 보험을 가입할 때 꼭 챙겨야 할 보장 내용이다.

치매보험, 간병보험

치매인구는 지속적으로 늘어나고 있다. 특히 초고령사회로 진입하면서 완치가 불가능한 치매는 가족의 고통을 동반한다.

치매는 점수가 중요하다. CDR 척도(Clinical Dementia Rating, 임상 치매척도라고 불린다. 기억하고 사고할 수 있는 능력을 측정하는 치매검사로 활용되고 있다)는 점수가 1점이면 경증, 2점이면 중등도, 3점이면 중증, 4점과 5점은 말기치매에 속한다. 과거에는 3점일 때 보장받는 치매만 판매되었기 때문에 보험금 수령도 드물었다. 하지만 2~3년 전부터 1점부터 5점까지 고루 보장하는 치매보험과 3점 중증 시 평생 보장받는 생활비 형태 보험이 판매되고 있다. 주의할 점은 만기를 90세 이상으로 가입해두어야 한다는 것이다. 진단율이 높은 시기는 80대, 특히 85세 이후이기 때문이다.

간병보험은 스스로 보행할 수 없거나, 스스로 식사할 수 없거나, 스스로 탈의할 수 없는 등 혼자 일상생활이 어려운 경우 1등급, 2등급, 3등급, 4등급 등의 장기요양등급 진단을 받으면 나라에서 인정하는 급수별로 가입한 보험금을 지급받는다. 간병보험은 보통 1,000만~2,000만 원 정도를 급수별로 가입하는 경우가 보편적이다. 간병보험은 비갱신형 보험으로 납입이 끝나는 시점에 해지 환급률이 높은 편이다.

이에 반해 간병인 보험은 내용이 다르다. 장기요양등급을 받지 않아도 병원에 질병이나 상해로 입원할 경우 간병인을 파견해주는 보험이다. 간병인보험은 갱신형 보험으로만 가입 가능하다. 나라에서 인정하는 급수와는 상관없이 고객이 입원 전에 보험사에 미리 간병인을 신청해두고 질병과 사고당 180일간 간병인의 도움을 받을 수 있다. 갱신형 보험이기 때문에 해지환급률은 거의 없다.

치아보험

고객 입장에서는 오랜 기간 유지해야 하는 보험이 아니다. 치과에서 필요한 치료를 한 이후에는 즉시 해지하는, 말 그대로 활용하는 보험의 대명사라고 할 수 있다. 그래서 치아보험의 손실률이 갈수록 높아지고 있지만, 고객에게는 여전히 필요한 상품이라 여러 보험회사에서 아직도 판매하고 있다.

막연하게 나이 들어갈수록 치아가 안 좋아질 것을 대비해서 가입해둘 필요는 없다. 오히려 오랜 기간 보험료를 납입하다 보면 결국 본인 돈으로 치료받는 셈이다. 가입하더라도 본인에게 필요한 보장만을 선택해야 보험료가 저렴하다. 임플란트도 할 것 같고, 씌우고 때우는 크라운도 할 것 같다는 생각에 모든 특약을 다 가입한다면 보험료만 커진다.

치아 상태는 본인이 가장 잘 알고 있다. 단순히 치아가 시리다는 증상 하나만으로 임플란트 최대 금액, 크라운, 브릿지, 치조골 이식수술비까지 고루 가입해두었지만 정작 치과에서 아무런 혜택을 받지 못하거나 혹은 최저 보장만으로 그치는 경우도 생긴다. 필요한 보장들만 선택적으로 가입해두는 것이 좋다. 이와 관련된 내용은 전문가와 상담 후 결정할 것을 추천한다.

치아보험에서 가장 중요한 점은 보장받는 시기를 결정하는 것이다. 90일 이후 50% 보장되는 점을 감안해서 100% 되는 시기까지 납입하는 보험료를 계산해야 한다. 몇 개의 치아를, 어떤 치료 방법으로 보장받느냐에 따라 보험료가 정해진다.

운전자보험

「교통사고처리특례법」, 「도로교통법」이 개정되면 운전자보험에 반영되기 때문에 그때마다 갈아타는 대표적인 상품이다.

자동차보험은 민사 영역, 운전자보험은 형사 영역을 담당한다. 내 운전으로 타인이 사망하거나 크게 중상해를 입는다면 형사적인 문제가 발생한다. 변호사를 선임하는 부분, 나라에서 벌금을 권고하는 부분, 사망 또는 중상해를 입힌 타인에 대한 배상까지 결국 나를 지켜주는 보험이다. 운전하는 사람에게는 꼭 필요한 보험이다. 하지만 앞서 말한 대로 법이 바뀌면 현 상황에 맞는 보험으로 새로 가입해야 하기 때문에 80세, 90세로 긴 시간 보장받는 가입은 추천하지 않는다.

성별·연령별
보험 플랜

여성보험

여성은 신체 구조상 남성에 비해 생식기 질환에 노출될 확률이 높다. 특히 자궁과 난소, 난관이 그에 속한다. 그래서 오히려 수술비 보험금의 지급률이 높은 편이다. 질병후유 3% 보장이 더 필요하지만 보험회사 손실률 때문에 가입금액은 현저히 낮아졌다.

여성들은 50대의 폐경기와 갱년기에 뇌혈관·허혈성 진단율이 높기 때문에 관련된 보장들을 준비해두면 도움이 된다. 특히 혈관질환이 있거나 가족력이 있다면 꼭 대비해야 한다. 치매 역시 남성에 비해 진단율이 월등히 높다.

남성보험

여성에 비해 활동량이 대체로 높은 편이므로 상해 관련 보장을 더 채울 필요가 있다. 상해후유 3%, 상해수술비 등이 보강되면 좋다. 특히 3대 진단금은 50대부터 남성의 위험률이 높다. 암도 여성에 비해 진단율이 월등히 높기 때문에 전 연령대 모두 남성은 암보험이 중요하다.

성별 공통

잇몸질환이나 치아 관련 문제가 잦은 경우 치매와의 연관성을 배제할 수 없다. 고혈압, 당뇨, 고지혈증 등의 만성질환은 뇌혈관·허혈성 진단에 따른 대비가 더 필요하다. 가족력에 따른 질병은 간과할 수 없다.

태아보험

만기를 정할 때 100세 만기 또는 30세 만기 둘 중 하나로 가입하는 경우가 대부분이다. 2가지의 보험료 차이가 생각보다 크다. 자녀가 한 명인 경우는 100세로 할 수도 있지만 둘만 해도 보험료 부담이 있다. 보험료가 정해졌다면 그다음으로 보장 내용을 확인해보자.

태아보험 설계는 3대 진단금보다 출생 후 아프거나 다칠 때 병원 방문 횟수와 입원에 따른 응급실 관련 보장이나 입원일당을 넣는 경우가 많다. 하지만 가입 후 고정으로 보험만기까지 보장 내용을 유지하는 것은 추천하지 않는다. 자녀가 커나가면서 점점 불필요해지는 보장 내용은 중간에 삭제하는 것이 낫다.

출생 후 자녀가 아프면 무조건 병원을 간다. 아직 모든 신체기관이 미흡한 영유아 시기에 감기라도 걸리면 폐렴 우려가 있다. 수시로 입원할 확률도 높다. 하지만 자녀가 유치원을 다니거나 초등학교에 입학할 즈음이면 얘기는 달라진다. 만성질환이나 선천성 질환이 아니라면 입원이나 응급실 보장은 더 이상 중요하지 않다. 그래서 오히려 30세 만기 상품이 가성비가 좋을 것이다. 100세 만기로 해두면 보험료도 부담되고 오랜 시간 동안 보험 리모델링이 필요할 수도 있다.

단, 30세 만기로 가입할 때 주의할 점은 30세 이후 고객이 원할 때 100세로 연장 가능한 상품이어야 한다는 것이다. 30세 이전에 건강에 문제가 생겨 다른 보험을 가입할 수 없는 상황이 될 수도 있다. 별도의 심사 없이 100세로 거의 모든 보장을 그대로 유지할 수 있는지 가입 전 확인한다. 보험사별로 다르지만 30세 이후 고객이 원해도 100세 보장이 안 되는 상품도 많다. 물론 30세 만기 때 다시 연령에 맞는 보험료를 보험회사로부터 안내받고 유지할지 결정하면 된다.

어른이보험

30세 미만은 어린이보험 가입이 가능하다. 연령을 나누자면 10세 미만에 보험 가입을 하는 경우는 만기가 30세여도 크게 나쁘지 않다. 20년이라는 시간은 결코 짧지 않다. 하지만 15세 이후에 30세 만기 상품은 고객에게 불안함을 안겨준다. 이런 이유로 10세 이후에는 대부분 100세 상품을 가입하는 경우가 많다.

태아보험 때는 암 진단금이나 뇌혈관·허혈성 진단금보다 오히려 소아암, 백혈병 등에 더 무게를 둔다. 하지만 스무 살만 지나도 반대가 된다. 소아암, 백혈병보다는 일반암과 뇌혈관·허혈성과 수술비를 주력으로 일반 성인보험과 똑같은 설계가 필요하다. 보험 업계는 30세 미만까지는 어린이보험 가입이 가능해서 어른이보험으로 일컬어진다. 최근에는 35세까지 가입 나이를 올려 어린이보험으로 나온 상품도 있다. 보험료도 저렴하고 가입금액도 더 크다. 납입면제 조건도 성인보험보다 훨씬 범위가 넓기 때문에 여러 가지로 유리한 보험이다.

2부

법인보험

1장

왜 법인사업자에게
보험이 필요한가?

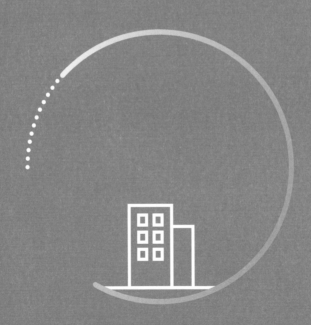

대표와 근로자 모두
지키려면 보험은 필수

나를 따르는 보험

자전거를 처음 타는 어린 자녀의 뒷모습을 바라보는 부모는 불안한 마음이 있다. 안장 뒷부분을 잡아주는 엄마는 쉽게 손을 떼지 못한다. 자녀가 넘어져서 다칠까 봐 걱정되기도 하지만, 혹여 타인의 신체나 물건에 해를 입힐까 봐 염려된다. 과거보다 많이 알려진 보험 중 하나가 바로 '일상생활중배상책임' 보장이다.

친구가 새로 산 최신형 휴대폰에 커피를 쏟을 수도 있다. 자전거를 타고 가다 고가의 외제차를 살짝 긁을 수도 있고, 어르신을 넘어뜨릴 수도 있다. 모두 의도하지는 않았지만 일상생활에서 충분히 생길 수 있는 일들이다. 예전에는 몰라서 보험을 청구하지 못하고 난감해하는 고객들이 많았지만 요즘은 다르다. 많은 고객들이 보험 청구를 하고 있다. 이런 일상의 일들을 우리의 일터인 회사로 옮겨본다면 어떻게 될까?

회사에서 자전거를 타는 일은 거의 없겠지만, 자전거로 출퇴근하는 사람도 있다. 출퇴근하다 사고가 나면 산재 처리를 할 수도 있다. 마당이 넓은 회사에서는 배드민턴이나 족구 등 팀을 나눠 운동하다 상대편 동료를 다치게 하는 일도 생긴다. 타인의 개입이 없어도 넘어지거나 다치는 상황은 언제 어디서든 발생할 수 있다.

회사를 운영하는 대표와 근로자 모두 직장에 머무는 시간은 적지 않다. 특히 현장 업무가 복잡하거나 위험하다면 항상 신경을 곤두세워야 한다. 현장에서 일어나는 사고는 근로자 혼자의 몫이 절대 아니다. 산재사고로 인정되면 대표도 책임져야 한다.

최근 40대 남성 고객은 주말 한낮에 집 안을 환기시키느라 창문을 모두 열어두었다 큰일을 겪었다. 갑자기 센 바람이 불어 방문이 쾅 닫히면서 문틈에 손가락이 끼고 말았다. 골절되어 수술까지 받았고, 퇴행성 관절이 올 수도 있다는 말에 고객은 적잖이 놀랐다.

50대 여성 고객은 저녁을 준비하기 위해 냉동실을 열었다 발등에 뭔가 떨어져 발가락이 으스러지는 것 같았다. 명절 때 얼려둔 떡이 무기가 되어버린 것이다. 핀 삽입수술을 받고 일주일을 꼬박 입원해 있었다. 의외로 가정에서 일어나는 소소한 사고들이 많다. 집 안뿐 아니라 길거리, 직장, 여행 중, 외출 중, 운전 중 등 우리가 움직이는 모든 공간에서 수많은 상황들이 벌어진다. 가정에서의 사고와 직장에서의 사고를 분리할 필요는 없다. 단지 장소의 차이가 있을 뿐 보험이 필요한 순간이 따로 있는 것이 아니다. 매사, 매 시간 보험이 필요하다는 말과도 같다.

'복지'는 근로자와 대표 모두에게 필요하다

회사를 운영하는 대표는 근로자가 안전하게 사고 없이 성실하게 일하기를 바란다. 반대로 근로자는 복지가 좋은 회사에서 많은 급여를 받으며 편하게 일하고 싶어 한다. 원하는 기대치는 다를지라도 노사 모두의 바람은 무엇보다 '안전'이다. 작업 환경이 위험하거나 열악할수록 더 많은 급여와 그 이상의 대우를 해주어야 한다. 그럼에도 일어나지 말아야 할 중대한 안전사고가 생긴다면 그때는 결국 돈 문제로 남는다. 큰 사고가 아니더라도 입사할 때와 퇴사할 때 고용주와 근로자의 다툼과 분쟁이 많이 일어난다.

대표는 근로자를 위해 필요한 보험을 가입해두어야 한다. 근로자가 입사하면 출퇴근부터 근로하는 시간 동안 생기는 사고를 책임져야 한다. 그리고 퇴사할 때는 퇴직금을 지급해야 한다. 혹시 사업장에 화재가 생겼다면 문제는 커진다. 혹여 근로자가 사망하거나 중상해를 입게 되면 일이 훨씬 복잡해진다. 이런 일련의 문제들을 보험으로 미리 준비한다면 사업을 운영하는 대표 입장에서도 크게 신경 쓸 일이 없다.

단순히 보험을 싫어한다고 말하는 고객이 있다. 결국 손실이지 않냐고도 하지만 잘못된 생각이다. "소 잃고 외양간 고친다"고 말하는 대표들이 종종 있다. "내 사업장에서 불이 날 줄은 몰랐다",

"위험한 기계도 없는데 어떻게 그런 사고가 날 수 있느냐"라는 소리를 들을 때면 안타깝다.

　매출만 일으키고, 영업만 잘한다고 사업이 유지되는 것은 아니다. 가장 중요한 것은 '안전'이다. 기본에 충실할수록 문제가 생길 일은 거의 없다. 그 중심에 보험이 큰 역할을 한다는 사실을 잊지 말아야 한다.

회사를 가족에게 승계할 수 있는
안전한 방법이 보험

가정을 지키는 상속

내 집 마련을 목표로 하는 사람은 많다. 최근 2~3년 이내 집값은 전국을 통틀어 거의 안 오른 곳이 없을 지경이다. 2~3억 원이면 전세를 얻을 수 있었던 곳이 4~5억 원으로 치솟았다. 매매는 꿈도 못 꾼다는 사람들도 너무 많다. 내 집 마련이 힘들어지면서 부익부, 빈익빈도 심해지고 있다. 이런 치열한 세상에 힘들게 마련한 집 한 채도 결국 자녀에게 물려주고 싶다고 말하는 부모들이 많다. 살고 있는 집뿐 아니라 다른 부동산이나 현금도 마찬가지다.

부모님 세대는 열심히 일하면 돈을 벌 수 있었다. 한 곳에서 오래 근무할수록 성실한 사람이라는 평가를 받았고, 퇴직금도 보장되면서 급여도 상승하고 승진도 할 수 있었다. 하지만 시대는 점점 빠르게 변화하고 다양한 직업들도 등장했다.

학교 공부는 꼴찌였어도 누구보다 빠르게 사회생활에 뛰어든 A씨는 영업부에서 날개를 달며 성과를 올리고 있었다. 평소 말하는 것을 좋아하고 타인에게 관심이 많던 그는 공감 능력이 뛰어나다는 장점을 갖고 있었다. 남들보다 뛰어난 성적을 내던 그에게 어느 날 스카우트 제의가 들어왔고, 그 기회를 통해 A씨는 지금의 대표가 되었다.

가족, 지인, 친인척은 물론 동창회에서도 그는 주목을 받았다. 현재 업력 30년 차를 넘긴 대표는 과거를 회상하면서 말했다. "그 시절 영업을 시작하지 않았다면 지금의 내가 없었을 것이다."

현재 A대표의 가장 큰 고민은 힘겹지만 탄탄하게 일궈온 사업을 자녀에게 어떻게 물려줄 수 있을까 하는 것이었다. 2명의 자녀 중 1명이 3년 전부터 아버지 회사에서 열심히 일을 배우고 있다고 했다. 결국 그 자녀에게 상속해주고 싶다는 말이다.

어느 날 대표는 보험설계사로부터 상속과 증여에 대한 얘기를 듣고 관심을 갖게 되었다. 그렇게 보험설계사와 대표는 1차 상담을 하게 되었다. 현재 대표가 운영하는 회사의 주식가치는 처음 사업을 시작할 때보다 무려 50배 이상 올랐다. 1만 원이던 주식이 현재는 50만 원이 된 것이다. 총 주식 수는 2만 주에 이른다. 그러면 시가총액이 10억 원이다. 대표가 어느 날 사망하면 상속세는 거의 50%에 육박하므로 5억 원가량의 상속세를 자녀가 부담해야 한다. 대표는 거의 절반에 가까운 세금을 생각하면 머리가 아팠다. 최근 지인이 했던 얘기도 떠올랐다. 지인의 친구가 갑작스러운 사고로 사망했는데 상속세를 부담할 수 없어 결국 상속을 포기했다는 것이었다. 대표는 더 이상 미룰 수 없는 문제라는 생각이 들었다.

대표는 자녀를 계약자로 본인의 종신보험을 가입했다. 피보험자는 아버지, 수익자는 자녀로 하는 종신보험은 사망보험금이 무려 10억 원이었다. 추후 대표가 사망했을 때 상속세를 마련하기 위해 종신보험을 전략으로 선택했다.

보험료를 납입하는 사람도 자녀다. 계약자와 피보험자를 부모로 하고 납입 또한 부모가 한다면 자녀는 상속받는 것으로 인정되어 상속세를 내야 한다. 그렇게 되면 갑자기 부동산을 처분해야 하는 경우도 생긴다. 상속 개시일 이후 6개월 이내 현금으로 납부해야 하는 것이 현행법이다. 그런 이유로 10억 원을 자녀가 온전히 받으려면 보험료도 자녀의 수입에서 납입해야 출처를 증빙할 수 있다.

신탁을 이용한 상속 관리

몇십 년 전만 해도 상속세는 대기업 또는 재벌그룹에게 해당하는 이야기인 줄만 알았다. 하지만 아파트 한 채 값이 10억~20억 원을 하면서 상속은 더 이상 재벌만의 이야기가 아니다.

상속세는 사망으로 유족 등에게 이전되는 재산에 대해 매기는 세금이다. 현행 「상속세 및 증여세법」에는 30억 원을 초과하는 금액에 대해 최고 세율 50%가 적용된다. 상당히 속상한 세금이라는 우스갯소리도 있는 상속세는 자산가들에게는 여전히 부담스러운 세금이다. 우리나라의 상속세율은 OECD 회원국 중에서 두 번째로 높다.

가족, 친인척 등 상속받을 사람이 많아서 분쟁이 생기는 경우도 많지만 반대 상황도 생긴다. 최근 1인 고령자 가구가 급증하면서 보험업계에서는 설계사를 신탁 전문가로 육성해야 할 필요성이 대두되고 있다. 믿을 만한 누군가에게 재산 관리를 맡기는 것이다.

과거와 현재의 인식 차이가 많지만 그중 가장 큰 차이를 보이는 것은 사람과의 관계라고 생각한다. 특히 1인 가구가 늘어나고 있다. 몇 세대가 함께 살던 시대가 아니다. 가족 관계도 예전만큼 밀접하지 않다. 몇 년째 혹은 수십 년째 부모 형제를 만나지 않는 사람도 의외로 많다. 자유롭게 혼자 사는 삶을 동경하는 싱글족들이 점점 늘어나고 있다. 그러면서도 사람이라면 외로움을 느낄 수밖에 없다는 것은 반려동물을 키우는 사람들이 늘어나는 것으로 알수 있다.

가족보다는 친구, 지인, 모임에서 만난 사람들과의 관계가 더 중요한 이들도 있다. 나이가 들어갈수록 친구가 좋다는 사람들도 많다. 재산을 가족이 아닌 내가 좋아하는 누군가에게 주고 싶다고 말하는 사람도 있다. 실제로 반려견에게 재산을 상속한 사람도 있다. 말 그대로 재산을 가진 사람 마음이다. 부모가 고령이 되어도 끝내 자식들에게 분배하지 않는 경우도 있다. 그러다 어느 날 부모가 사망하면 형제간에 재산 다툼이 일어난다.

몇 년 전 드라마를 보면서 "저럴 수도 있겠구나"라고 공감한 이야기가 있다. 자식들은 홀로 남겨진 아버지 곁을 지키지 못했다. 하지만 재산이 많은 아버지를 외면할 수도 없었다. 그래서 혼자 거동할 수 없는 아버지의 손발이 되어줄 간병인을 고용했다. 집에 상주하면서 재미난 얘기도 들려주고 등도 긁어주며 함께 식사도 하고 TV도 볼 수 있는 친구가 생기자 아버지의 몸이 좋아졌다.

1년에 두세 번밖에 볼 수 없는 자식들보다 간병인이 열 배 백 배 낫다는 생각이 아버지의 머릿속에 자리 잡았다. 결국 아버지는 재산의 3분의 2를 간병인에게 주기로 결심하고 유언장을 작성했다.

이것은 비단 드라마 속 이야기만이 아니다. 속된 말로 '떴다방'이라고 불리는 곳에서 나이 많은 어르신들을 모셔놓고 수많은 상품들을 판매하는 사람들이 아직도 있다. 물건의 종류도 많아서 직원들이 본인에게 이것저것 팔려고 한다는 것을 알면서도 어르신들은 그곳을 드나든다. 왜 그런 것일까? 사람의 온정이, 마음이, 따뜻한 말과 공감이 필요하기 때문이다. 하지만 치열한 일상을 살다 보면 부모님까지 돌볼 여유가 없다. 그래서 내리사랑이라고 했는지도 모른다. 오로지 남편과 아내, 자식을 신경 쓰기에 바쁘다. 외로움을 느끼는 부모는 누구든 자기를 바라봐 주는 사람에게 금방 마음을 열고 기대게 마련이다.

최근에는 '유언대용신탁'에 관심을 갖는 사람들이 늘어나고 있다. 위탁자가 본인 재산을 신탁하면 신탁회사가 대신 운용을 맡는다. 이 과정에서 수익을 위탁자 또는 수익자에게 지급하는 구조다. 위탁자가 살아 있을 때는 본인 또는 지정한 수익자가 수익금을 받고, 위탁자가 사망하면 위탁자가 지정한 수익자가 수익금을 받을 수 있다.

보험산업이 장기적으로 성장하는 데 필요한 사회적 요건 중 하나로 신탁이 활용될 수 있다. 일본처럼 1인 가구 중증 치매 환자의 자산을 전문 후견인이 신탁관리하는 방법도 있다.

단 하나의 상품을 판매하려는 마음보다는 기업의 문제, 사업주의 고민거리에 대해 정확한 솔루션을 제시하려면 시대에 따라 변화된 정보를 지속적으로 업데이트하며 전문가로 거듭나야 한다.

근로자의 안전을
책임진다

출퇴근길 사고는 누구의 책임인가?

근로자 입장에서 점심시간, 휴게 시간, 월차, 연차를 알뜰하게 챙기고 싶어 하는 것은 당연하다. 일하면서 받는 스트레스를 해소할 수 있는 시간이기도 하다.

출퇴근길 지하철은 지옥철이라고 할 정도로 많은 사람들이 몰린다. 어느 날 야근에 지친 몸으로 퇴근길에 오른 40대 남성 B부장은 지하철 안에서 갑자기 얼굴이 하얗게 질리며 쓰러졌다. 식은 땀을 흘리고 혈압이 내려갔다. 주변 사람들 중 누군가는 119에 신고했고, 또 다른 승객은 지하철 탑승칸에 적힌 번호로 전화했다. 승객들은 쓰러진 B부장의 넥타이를 풀어주었다. 그때 30대 남성이 심폐소생술을 시행하지 않았다면 사망에 이를 수 있었다.

B부장은 심장질환으로 치료를 받았다. 이후 회사에 산재 처리를 요청했고 회사는 쉽게 받아들였다. 근로자의 안전을 대비한 단체보험에 가입해두었기 때문이다. 보험이 없었더라도 회사가 빠르게 산재 처리를 해주었을까 하는 의문이 든다.

회사 측의 보험 가입도 한몫했지만 B부장의 갑작스러운 증상과 업무 연관성을 입증하기도 어렵지 않았다. 평소 잦은 야근과 업무 스트레스로 인한 위경련과 두통, 가슴 통증 등 전조 증상을 직원들도 알고 있었기 때문이다. 이로 인해 치료비와 유급휴가를 인정받았다.

B부장이 출근길 지하철에서 그대로 사망했다면 어떻게 되었을까? 산재사고로 인정된다 하더라도 단순한 문제가 아니다. 사고 후 회사에서 사과도 없고 보상금도 최저로 주려고 한다면 유족은 마음의 상처를 입는다. 이런 경우 법적인 문제까지 이어질 확률이 높다. 유족은 최대한의 합의금을 바랄 것이고, 회사는 최소한으로 마무리하고 싶을 것이다.

이때 기준점이 되는 공식과도 같은 것이 있다. 근로자의 정년은 65세로 계산한다. 사고가 없었더라면 65세까지 일할 수 있다는 말이다. 49세인 B부장의 연봉은 6,000만 원이었고 8년째 근속 중이었다. 퇴직금은 현재 기준 4,000만 원으로 측정된다. 65세 기준으로 호프만 계수와 평균 과실 30%를 계산하면 일실소득금은 무려 6억 3,000만 원이다. 산재유족보상금으로 다행히 2억 6,000만 원을 보상받았다. 그러면 6억 3,000만 원에서 2억 6,000만 원을 빼더라도 무려 3억 6,000만 원이 최종 민사상 배상액으로 정해진다. 결국 나머지는 대표의 몫으로 남는다. 특별히 위험한 업무도 아닌 사무직으로 근무했다. 위험한 현장, 잦은 외근이 아니더라도 과로에 시달릴 수 있다는 생각을 회사 대표는 해야만 한다.

영업사원의 사투

정수기 판매를 잘하는 영업사원은 오늘도 외근으로 분주하다. 많게는 하루에 150킬로미터를 운전하며 동분서주하고 있다. 약속 시간에 쫓겨 바쁘게 운전하던 그때 황색 신호등에서 그만 교통사고가 나고 말았다. 속도를 내며 달리던 영업사원의 차량을 덮친 건 덤프트럭이었다. 35세 남성 영업사원은 현장에서 사망했고, 유족은 황망함에 말을 잇지 못했다.

장례식 후 유족은 회사를 상대로 보상금을 요청했다. 회사는 업무 중에 일어난 사고가 명확했기 때문에 산재 처리를 해주었다. 하지만 유족이 생각하는 보상금에는 턱없이 못 미치는 금액이었다. 가족을 잃은 마음의 상처는 지울 수 없지만 최대한의 위로와 대책만이 유족을 도울 수 있다. 하지만 회사 측은 산재사고 이상 보상해 줄 의사가 없었고, 근로자의 사망보험금도 따로 가입해둔 것이 없었다. 결국 유족은 민사소송을 진행했다. 시간은 오래 걸렸지만 회사 측은 유족에게 3억 원을 더 지급하라는 최종 판결이 내려졌다.

오랜 소송만큼 유족은 마음을 더 크게 다쳤다. 소송이 진행되는 동안 대표 역시 불안한 마음에 스트레스가 지속되었다. 특히 기업 입장에서는 회사의 규모가 크든 작든 이미지 손실로 인한 손해가 적지 않다. 더구나 대부분의 기업들은 3억 원을 한꺼번에 내어줄 만큼의 여력이 없다. 오히려 은행이나 나라에 3억 원의 대출을 신청하는 사업장도 많다.

조금만 더 관심을 갖고 근로자의 복지에 신경 썼다면 회사도 대비하고, 유족의 마음도 위로했을 것이다. 양쪽 모두 시간을 되돌리고 싶을 것이다. 유족은 돈을 받지 않아도 좋으니 아들이, 형제가 살아오길 바랄 것이다. 회사는 단체보험이나 근로자를 위한 상해보험을 가입해두었다면 좋았을 것이라고 생각할 것이다.

경험이 재산이라는 말이 있다. 하지만 앞선 사례의 경험은 누구도 원치 않을 것이다. 결국 미리 대비하는 것이 가장 좋다. 사람을 잃지 않는 기업이라는 경영철학을 가지고 있다면 안전불감증은 사라질 것이다.

위험한 현장

최근 경기도 도로포장 공사장에서 중장비 기계 롤러에 근로자 3명이 깔려 숨지는 사고가 있었다. 60대 남성 근로자 3명은 심정지 상태로 병원으로 이송되었지만 끝내 사망했다. 운전자 실수로 인한 사고였다. 과연 누구의 책임일까? 사고 책임을 노동자에게 돌리지 않는 것이 중요하다는 어느 정치인의 말도 있다.

산업재해 사고는 생각보다 많고 책임 문제를 둘러싼 분쟁이 따른다. 하청, 원청, 일용직 등 취약한 사람들의 편에서 안전이 뒷받

침되지 않는다면 어느 누가 현장 업무를 하려고 하겠는가.

다양한 직업

제조업, 도소매업, 숙박업, 농업·임업, 부동산, 음식점, 정보통신업, 서비스업 등 수많은 업종이 있다. 각 업종에서 근무하는 근로자와 일용직 등 노동자들의 수는 셀 수도 없다. 위험한 현장도 있고 비교적 덜 위험한 작업장도 있다. 사무직은 대체로 안전한 직업이라고 말한다. 외근직이 더 위험하다는 판단으로 내근직보다 보험료가 더 높다.

중요한 것은 어떤 일을, 어느 위치에서, 어떻게 하더라도 모든 근로자는 안전이 뒷받침되어야 한다는 것이다. 모든 공간에서 조심해야 한다. 가정에서도 의외의 안전사고가 많이 일어난다. 외부의 빈도가 더 많을 뿐이다. 물론 운전을 직업으로 하는 경우는 위험도가 더 크다. 나 혼자 운전을 잘한다고 해서 사고가 나지 않는 것도 아니다.

하루에도 수많은 사건 사고가 일어난다. 뉴스를 보면 하루도 조용할 날이 없다. 하지만 그중 가장 안타까운 것은 일어나지 말았어야 할 안전사고이다. 근로자의 근무 환경이 어디든 대표는 안전지대를 만들어야 한다. 그런 노력에도 불구하고 일어난 사고라면, 이후는 사고 처리 과정이 관건이다. 절대 아끼지 말아야 할 지출 중하나가 직원의 안전과 관련된 보험이다.

대표의 퇴직금을
마련할 수 있다

대표는 근로자의 퇴직금을 미리 준비해두고 근로자가 퇴사하면 2주 이내에 지급해야 한다. 퇴사 직전 3개월간 급여 평균 금액을 지급하는 것이 원칙이다. 지급기한을 지키지 않거나 퇴직금을 지급하지 않는다면 연 20% 가산이자를 추가로 지급해야 한다. 현재도 퇴직금을 받지 못해 소송으로 이어지는 사례들이 많다.

전 세계를 발칵 뒤집어놓은 코로나19는 사업하는 대표들을 위기로 몰아넣었다. 수출이 막히고 비대면으로 바뀌면서 매출이 떨어지고, 근로자 수를 감축하고 경영난을 겪는 기업들이 많아졌다. 그런데 더 큰 문제는 경영을 할 수 없을 정도로 힘들어도 법인을 폐업하기 쉽지 않다는 것이다. 회사 내부에서 생긴 가지급금, 세금 문제, 근로자 퇴직금과 밀린 임금은 평생 대표를 따라다니기 때문이다. 사업을 시작하기보다 폐업이 더 어렵다고 할 정도이다. 우여곡절 끝에 사업을 접었다고 하더라도 몸 바쳐, 마음 바쳐 오랜 시간 일하고도 퇴직금은 한 푼도 받지 못하는 현실에 세상을 접고 싶었다고 말하는 대표도 있다.

사업을 시작할 때는 내 자녀 또는 가족에게 가업을 승계하는 미래를 상상한다. 그러면서 모아둔 퇴직금으로 남은 노년을 여유롭게 살아가리라 기대한다. 하지만 대부분의 대표들은 근로자들의 퇴직금을 마련하기에도 급급해 정작 대표 본인의 은퇴자금과도 같은 퇴직금은 꿈도 못 꾼다. 많은 기업 대표들을 상담해보면 필요성은 알고 있지만 여건이 안 된다고 말한다.

실손의료보험은 개인보험 중 가장 필요한 보험이다. 사업자의 퇴직금은 바로 개인의 실손보험과 같다. 10년, 20년, 30년 혹은 그 이상 오래 사업을 유지해오는 대표들이 은퇴하거나 폐업하면 마지막에 남는 것은 퇴직금뿐이다.

"돈 많이 벌면 그만이지. 퇴직금이 군이 필요하냐"고 하는 사람도 있다. 하지만 흔들리는 파도를 만나는 배처럼 사업의 방향에 따라 돈은 그렇게 흩어질 수 있다. 애초에 퇴직금을 기업의 사업비 중 가장 중요한 항목으로 배치해둔다면 힘든 시기에도 월급받는 근로자의 마음은 지치지 않을 것이다.

퇴직금 재원을 마련하는 가장 좋은 방법 중 하나는 역시 보험이다. 은행이나 기타 금융기관에서도 퇴직연금을 판매한다. 하지만 보험처럼 사망보험금이 지급되거나 비용 처리가 되지 않는다. 다시 말해 보험으로 퇴직금을 마련한다면 사망보험금, 법인 비용 처리로 절세, 대표 퇴직금으로 활용할 수 있기에 타 금융권보다 장점이 많다.

사업의 끝은 누구도 알 수 없다. 지속적으로 이어져 자녀에게 승계하기를 바라지만 경영 악화나 여러 환경문제, 건강문제 등으로 폐업할 수도 있다. 어떤 경우든 근로자의 퇴직금 못지않게 대표의 퇴직금도 고민해야 한다.

절세에
도움이 된다

법인사업자에 대한 오해

"자금을 마음껏 사용할 수 없어서 법인으로 전환하기 싫더라고요." "법인사업자는 골치 아프고 신경 쓸 게 많다고 하던데요." "세금을 많이 내더라도 개인사업자가 편해요." 개인사업자 대표들의 이야기다.

설립하기 간편하고 수익도 대표가 마음대로 쓸 수 있기에 처음에는 개인사업자로 시작한다. 그러다 매출과 근로자 수가 늘어나고, 세금 부담이 커지면서 점점 국세청의 관리감독을 받으면 대표들은 스트레스를 받는다. 개인사업자의 세금은 종합소득세율로 적용되기 때문에 매출이 5억 원만 초과해도 거의 절반의 세율을 납부해야 한다. 하지만 법인은 최대세율이 25%로 훨씬 낮다.

개인사업자의 대표는 급여를 비용 처리할 수 없다. 하지만 법인은 비용 처리가 가능하기 때문에 세금상으로 이득이 크다. 개인은 채무가 발생했을 때 대표가 모든 책임을 져야 한다. 법인은 대표나 주주들이 자본금을 내는 것 외에는 책임지지 않는다. 사업이 실패했을 경우 법인의 부담감이 개인에 비해서는 크지 않다.

개인사업자의 세율구간이 최대로 높아진다면 법인 전환을 고민해야 한다. 법인의 세율 구간이 유리하기 때문이다. 거기다 법인 사업을 통한 절세 방법을 잘 이용한다면 훨씬 이득이다.

개인사업자가 법인 전환을 고민해야 할 시기가 있다. 첫째, 대외적인 신뢰도 문제로 인해 금융기관으로부터 자금 조달을 하기 어려울 때, 둘째, 사업적인 모든 부담을 대표 혼자 짊어질 때, 셋째, 수익이 높아지면서 세금 부담이 갈수록 높아질 때, 마지막으로는 성실신고를 하기 전이다. 성실신고 대상이 되면 의무적으로 3년은 기장을 해야 하기 때문에 사업장은 국세청의 주목 대상이 되기도 한다.

법인대표는 본인이 출자한 한도 내에서만 책임지는 반면 개인 사업자는 모든 책임이 대표의 몫이다. 특히 정부지원사업은 법인 사업자를 대상으로 하는 경우가 많기 때문에 혜택이 더 많다는 점에서 훨씬 유리하다. 더구나 대표의 급여나 퇴직금 등은 세금 혜택을 받을 수 있다.

은행권 대출도 법인이 훨씬 수월하다. 연초가 되면 중소벤처기업진흥공단(중진공)의 저금리 대출 신청은 순식간에 마감된다. 법인회사가 대출에 더 유리한 데는 여러 이유가 있다. 특허, 인증, 연구소 등의 이슈를 일으키기 좋은 여건이기 때문이다. 고용 창출이 일어나고 발전 가능성이 보이면 자금 확보가 더 수월하다.

사업이 확장된다는 것은 반가운 일이다. 시설물을 추가로 구매하고 필요한 인력을 배치하고, 공장을 조금 더 넓은 곳으로 이전하거나 수출까지 이어진다면 기업은 성장 가도를 달리게 된다. 문제는 자금이 필요한 순간이 자주 찾아온다는 것이다. 그런 측면에서 법인은 대외적인 신뢰도가 높아질수록 유연하고 탄력적으로 자금을 활용할 수 있다. 매출이 높아져도 최대세율이 정해져 있기 때문에 오로지 사업에만 정진할 수 있다.

"영업도 내가 할 수 있고, 차라리 현장일도 내가 할 수 있는데 세무, 노무, 회계 이런 건 머리 아파서 도저히 못 하겠다"고 말하는 법인대표도 있다. "잘하는 건 잘하는 사람한테 맡기면 된다"고 말하면서 각 파트 업무를 능력 있는 적임자로 채우는 대표도 있다. 법인은 생각보다 절세할 영역이 많기 때문에 그 이상으로 활용할 수 있다.

사업의 안전성을
도모한다

근로자는 대표를, 대표는 근로자를?

나의 사촌 동생은 강원도에서 직장을 다니고 있다. 현장에서 기계를 다루는 일이 주요 업무이다. 10여 년 전 사촌 동생이 업무 중 손가락 절단 사고를 당했는데, 건강보험 하나만 나를 통해 가입해둔 상태였다. 절단된 손가락 마디 봉합수술은 다행히 결과가 나쁘지 않았다. 그때는 내가 산재보험과 관련된 내용들을 잘 알지 못했기에 회사에서 어떻게 처리해주었는지 묻지 않았다. 지금까지도 그 회사에 다니는 사촌 동생을 생각하면 가끔 불안감이 밀려든다. 앞으로 사고가 또 발생하지 말란 법이 없기 때문이다. 지금이라면 결코 작은 사고가 아니기에 산재사고, 보상금 등의 문제를 정확히 확인했을 것이다.

여러 계통의 대표들을 상담하다 보면 '안전불감증'이라는 말이 떠오른다. 지금 우리가 겪고 있는 코로나19도 마찬가지 아닐까. 오랜 시간 익숙해질수록 둔감해지기 마련이다. 그만큼 환경 변화에 빨리 적응하는 것이 인간의 본능인지, 불안감을 잊고 싶은 마음인지는 모르겠다. 하지만 '안전'만큼은 절대 간과해서는 안 된다. 걱정하지 않아도 되는 상태로 대비해야 한다는 말이다.

최근에 제조업 대표가 했던 말이 아직도 기억에 남는다. "직원보다 늦게 퇴근하려고 노력합니다. 아무도 없는 현장을 한 바퀴 돌아보면서 내 젊은 시절도 추억하지만, 기계가 낙후된 부분은 없는지 꼭 살펴보는 것이 습관이 되었습니다. 직원들에게 자주 당부하는 말은 다치지 말아달라는 것입니다." 대표의 얼굴에 진심이 묻어났다. 모두 이런 마음으로 일한다면 대표와 근로자 모두 안전한 테두리를 만들고 있는 것이다.

집에서도 일터에서도 2가지만 기억하길 바란다. 첫 번째는 사람 귀한 줄 알아야 한다. 두 번째는 내 물건이 중요하다면 누군가의 물건도 소중하다는 사실이다. 근로자도, 대표도 이렇게 생각한다면 조금 더 소중한 관계를 이어갈 수 있을 것이다. 내 집이라고 생각하면 회사 물건도 함부로 쓰지 못할 것이다. 대표는 근로자들을 위해 보험을 들고 퇴직금을 준비해둔다. 회사를 위해 근로자는 열심히 일하고 회사 물건을 소중히 여긴다. 일터의 안전은 이런 마음에서 출발하는 것이라고 생각한다.

사업장 지킴이
역할을 한다

눈앞의 매직을 상상해보자

사무실, 현장, 시설물 등 사업을 운영하는 공간은 다양하다. 장소와 평수, 위치, 지형도 각기 다르다. 제조업처럼 현장이 필요한 곳이나 큰 기계를 돌리는 곳은 조금 더 여유로운 공간이 필요하므로 외곽에서 사업을 운영하는 곳도 많다. 주변에 나무나 숲이 있으면 환경적으로는 평안해 보이고 시야도 탁 트여서 좋다. 하지만 이런 곳에서 화재가 일어난다면 도심보다 더 반경이 넓어질 수 있다.

겨울철이면 화재 소식은 더 많이 들려온다. 건조한 상태에서 센 바람이 불면 더 활활 타오른다. 2009년 「실화책임에 관한 법률」 개정으로 우리 집 화재로 인해 이웃집에 재산 피해를 입힐 경우 화재 벌금과 화재배상책임까지 보상해야 한다. 이런 이유로 과거보다 화재에 대한 인식 수준이 많이 높아졌다.

정전이 되는 동안 잠깐 켜둔 초가 쓰러지면서 원단공장은 삽시간에 불이 붙어버렸다. 추운 날씨에 직원들이 옹기종기 모여 모닥불을 피우고 술을 마시다 하나둘씩 자리를 떠났고, 누군가는 정리하겠거니 생각했는데 다음 날 잿더미만 남아버린 사업장도 있다. 더 심각한 문제는 바로 옆동 회사에도 불이 번져 본의 아니게 피해를 입혔다는 것이다. 우리 사업장을 복구하는 것은 물론 다른 사업장까지 배상해줘야 한다.

가해자는 피해자에게 배상을 해줘야 한다. 아파트는 관리비에서 화재사고까지 모두 보장된다고 생각하는 사람들이 많다. 하지만 실제로 겪은 사람들의 이야기는 다르다. "이럴 줄 알았으면 돈 만 원 한다고 TV에서 광고하는 화재보험 하나 가입해둘걸." "아파트 관리비에서 화재보험까지 다 되는 줄 알았다." "다른 집 불난 것을 왜 내가 책임져야 되느냐." 이런 하소연을 한다.

사업을 성장시키는 데 필요한 여러 요소 중 하나가 사업장일 것이다. 일하는 공간에 대한 1차 책임은 근로자에게도 있다. 하루 일과가 마무리되면 관리자가 점검해야 한다. 사업장을 운영하는 대표는 수시로 안전과 직결된 사업장의 상황과 기계 상태를 살펴보아야 한다. 꼼꼼하게 관리한다 하더라도 마모, 전기, 마찰 등 외부적인 요인으로 사업장에 화재가 생길 수 있다. 이외에 예기치 못한 태풍, 홍수, 호우, 대설, 지진 등으로 풍수해 사태가 벌어지기도 한다.

하나의 건물을 올리기까지 짧게는 수개월에서 길게는 몇 년이 걸리기도 한다. 하지만 무너지는 것은 한순간이다. 사업을 시작할 때 이런 상황들에 꼭 대비해두어야 한다. 누구도 예외가 될 수 없으므로 사업장을 지키는 보험 역시 필수다.

화재보험 가입 후 반드시 알아두어야 할 점은 바로 '통지 의무'이다. 사업장 구조를 변경한다거나, 업종을 바꾸거나, 새로운 기계를 들여오는 등의 변동 사항이 생기면 반드시 보험회사에 알려야 한다. 이런 사실을 보험회사에 알리지 않는다면 '보험사기'로 오해받을 수도 있다.

사업에만
신경 쓸 수 있다

오직 사업으로 고고

보험산업의 패러다임을 변화시킨 것 중 하나가 바로 금융자산가들이라고 할 수 있다. 기존 보험은 종신보험, 실손보험, 자동차보험, 상해보험, 암보험 등의 판매와 고객관리가 주를 이루었다. 이제는 생명보험회사를 중심으로 개인, 중상류층 이상의 자산관리를 도울 수 있는 프로그램들이 생겨나고 있다. 여기에는 법인사업자도 포함된다.

B생명 관계자는 "최근 자산가치의 급격한 상승과 종합부동산세, 양도세, 증여세 등 다양한 세금 관련 이슈에 전문 상담을 지원하기 위한 것"이라며 "네트워크를 활용한 자산운용 인프라와 리서치, 고객경험 등을 제공하는 다각화된 포트폴리오 관리 서비스를

제공할 예정"이라고 설명했다. S생명사는 산하에 상속증여연구소는 물론, WM챕터와 WM센터 등을 통해 보험설계사의 체계적 자산관리 서비스를 시작했다.

대표는 오로지 일에만 전념할 수 있어야 한다. 기업이 계속 성장하면서 신나게 달려야 하는데 세금 걱정, 가치평가 걱정, 쌓이는 이익잉여금, 가지급금 등의 문제가 발목을 잡는다. 법인의 여러 문제들을 이제는 보험전문가를 통해 해결할 수 있다. 보험설계사는 이제 기업의 설립부터 끝까지 함께할 수 있다.

세금을 합리적으로 줄이고, 기업의 주머니를 채워가면서 근로자에게 복지를 제공한다면 회사는 성장가도를 달릴 것이다. M&A 보험마저도 이슈가 되고 있는 세상이다. 기업의 문제를 보험으로 해결할 수 있고, 설계사의 역량과 보험사의 시스템으로 대표는 오로지 일에만 전념할 수 있다. 바뀌는 상황에 적응해나가는 방법만 찾는다면 법인의 미래는 지금보다 밝을 것이다.

경제적으로
어려울 때 도움이 된다

리스크 헷지

　코로나19 이후 많은 경영자들이 힘겨워했다. 오히려 특수를 맞이한 사업장도 있었지만 소수였고, 대다수는 버티기조차 쉽지 않았다. 그러면서 근로자를 감축했고, 매출 유지를 위해 대표 가족들이 야근하는 현장도 많았다. "대표가 돈독이 올랐다", "그 돈 다 벌어 어디에 쓰냐"라는 근로자들의 말을 들을 때마다 새카맣게 탄 속을 보여줄 수도 없어서 재무제표를 펼쳐놓은 적도 있다고 말하는 대표도 있었다. 매출이 조금이라도 오르면 그만큼 순이익이 남을까? 사업을 하는 거의 모든 대표들이 아니라고 말한다.

　최근 2~3년 이내에 대출을 받은 개인뿐 아니라 법인도 늘었다. 유지하던 보험을 해지하는 빈도도 늘어났다. 고정지출은 줄어드는 경우가 거의 없다. 그렇기에 수익이 줄어들면 단 몇 개월 만에도 위기가 찾아온다.

신제품 출시를 앞둔 기업은 기존에 투자된 개발비를 제외하더라도 홍보를 위한 비용도 필요하다. 고전적인 영업으로만 신제품을 알리기란 쉽지 않기 때문에 마케팅에도 많은 비용을 투자해야 한다. 오랜 시간 공들여 특허를 획득한다 하더라도 시설과 홍보 문제로 자체 성장이 어려운 기업도 있다. 이 경우 투자자를 만나지 못하면 대기업에 판권을 대행하기도 한다.

사업을 성장시키거나 다각화하는 데 관심을 보이지 않는 대표는 거의 없다. 문제는 드라마 제목처럼 '쩐의 전쟁'이다. 사업계획서대로 운영한다 해도 역시 금전적인 문제는 상시로 발생한다. 파도를 만나 휘청거리는 상황이 생긴다면 말로는 "그냥 접어버리면 되지"라고 해도 실상은 죽기 살기로 지키고 싶어진다. 1억 원으로 위기를 넘길 수도 있고, 5,000만 원 투자로 매출이 크게 늘어날 수도 있다. 꼭 필요한 순간에 경제적 어려움을 해결하기 위해 사업자에게 가장 필요한 것 중 하나가 보험이다.

2021년 공적자금 대출이 더 이상 되지 않는 A기업이 위태로운 상황에 처했다. 이대로 폐업한다고 해도 기업에 남아 있는 가지급금 4억 원의 빚은 대표 앞으로 남게 된다. 사업을 접는 것도 답이 아닌 것이다. 기존 거래처들도 조금씩 이탈하고 있었다. 고민 끝에 대표는 기존 제품을 업그레이드할 계획을 세웠다. 계획대로라면 새 제품은 특허와 실용신안까지 진행할 수 있는 상황이다. 그렇게 되면 법인의 대외적인 평가 기준이 상승하면서 대출 한도가 발생하고, 새로운 기계를 구매할 시설자금을 확보할 수 있다. 그러기 위해서는 연구 전담 직원과 개발비가 필요했다. 3개월 동안 약 8,000만 원의 예산이 필요했다. 그때 8년 전 법인을 계약자로 가입해둔 경영인정기보험이 떠올랐다. 해지환급률을 알아본 결과 1억 3,000만 원이었다. 남에게 아쉬운 소리 하지 않고 자체적으로 해결할 수 있는 금액이었기에 대표는 안도의 한숨을 내쉬었다.

경영인정기보험, 단체보험, 종신보험 등 근로자 사고와 대표, 기업을 위해 가입해둔 보험은 사업이 경제적으로 힘들 때 도움을 줄 수 있다. 경쟁력을 갖추기 위해 기업에 인증이 필요할 때, 대출 상환 등 상시로 필요한 자금 문제에 활용할 보험이 있다면 비빌 언덕이 생기는 것이다.

사업에 있어 경제적 리스크는 존폐를 좌우할 만큼 중요하다. 법인대표에게 보험은 사업의 시작과 함께 준비해야 할 사항이다.

분쟁의 소지를 줄여준다

'마음'만으로 될 일이 아니다

기업 입장에게 가장 부담스러운 것이 산재사고이다. 요즘은 산재사고 시 산재요율이 올라가는 부담보다는 사회적 이슈가 되는 것이 더 걱정이다. 특히 「중대재해처벌법」이 적용되면서 현장 업무를 중단하는 기업들도 있었지만 현재까지 단 몇 개월 사이에만 해도 벌써 여러 건의 사고가 발생했다.

산재사고는 모든 사업장에서 발생할 수 있다. 사무직, 현장직, 영업직, 운전직 등 위험률의 등급이 조금 더 높고 낮을 뿐이다. "사무직이라 안전하다", "힘든 일을 하는 직원이 없다", "우리 직원들은 지금까지 사고가 전혀 없었다"라는 말은 안전불감증 이상으로 현실을 자각하지 못한 생각이다. 책상에 앉아서 며칠 야근을 하다가 과로로 쓰러지기도 한다. 출퇴근길 사고도 빈번하다. 소 잃고 외양간 고치는 일은 없어야 한다. 그러기에는 보험만큼 단순하고 도움이 되는 상품도 없다.

경기도 화성에서 음식점을 경영하는 C대표는 12명의 직원을 두고 있다. 음식을 서빙하던 직원 본인의 실수로 팔과 다리를 크게 데이는 사고를 겪고 세 달 정도 화상치료를 받는 동안 직원의 치료비를 대표가 부담했다. 이후 장해까지 생긴 직원이 치료를 끝내자 다시 음식점에서 일할 수 있도록 배려해주었다. 이런 관계는 사실 흔하지 않다. 하지만 직원이 사망했다고 가정해보자. 아무리 직원과 대표의 관계가 좋았다고 해도 유족과 대표가 합의해야 한다. 가족을 잃은 유족의 반응은 기업의 후속 조치에 따라 큰 차이를 보일 수 있다. C대표가 평소 직원을 아끼는 마음을 유족 측에서 알고 있었다고 해도 대표의 진심 어린 사과만으로 합의가 이루어질까? 유족들은 충분한 보상을 받지 못했다는 생각이 들면 민사소송을 진행할 것이다. 결국 합의가 잘 이루어지기 위해 유족보상금은 현실적으로 가장 중요하다.

보상금액으로 어느 정도가 충분한지를 말하기는 어렵다. 그렇기에 최소한 직원을 둔 대표는 산재사고에 대한 보상금을 미리 준비해두어야 한다. 입사한 지 한 달도 안 된 직원이 물품 배달을 하다가 사고로 사망했다 하더라도 보험을 가입해두었다면 효력은 즉시 발생한다. 앞서 언급한 대로 보험은 단순하다. 가입금액이 2~3억 원 이상이라 하더라도 단 한 번의 보험료 납입만으로도 보상받을 수 있다.

최근 포장재를 생산하는 B업체의 대표를 만났다. 배우자도 현장일을 돕고 있는 상태였다. 그런데 알고 보니 지게차 사고로 직원이 사망했다는 것이었다. 현재는 유족들이 민사소송을 걸었다고 했다. 평소 관계가 좋았던 직원이라 너무 안쓰러운 마음에 유족에게 위로금을 건네보았지만 오히려 화만 더 키웠다고 한다. 소송 결과가 어떻게 나올지 전혀 예측할 수 없어 더욱 답답한 상황이었다.

입사할 때는 가족처럼 일한다고 하지만, 퇴사할 때도 그런 마음을 가질까? 특히 과거보다 근로자를 채용하기 더 힘들다고 말하는 제조, 현장, 기계, 설비 업종의 대표들은 볼멘소리를 한다. 편의점, 카페 등에서 어렵지 않게 아르바이트를 하고 이후 고용보험으로 실업급여를 받으면서 입사와 퇴사를 반복하는 사람들이 많다. 깨끗하고 편안한 기숙사를 제공해도 지역, 위치, 급여 등의 이유로 근로자를 채용하기 쉽지 않아 오히려 직원들 눈치를 본다고 말하는 대표들도 있다. 하지만 정작 가장 중요한 대비는 직원의 안전과 관련된 해결 방안이어야 한다. 사람과 관련된 사고에서 최선은 미리 준비하는 것임을 기억하자.

자금의 유동성 확보에
도움이 된다

회사를 위한 자금 만들기

지출을 줄이고, 세금을 최대한 면제받고, 회사가 어려울 때 경영난을 극복할 수 있다면 법인사업자의 중대한 고민들은 거의 해결된다. 말처럼 쉽지 않지만 결코 어렵지도 않다. 해답은 정보를 얻고 계획을 세워서 실행하는 것이다. 사업계획서를 통해 법인의 라이프스타일을 미리 파악해둘 필요도 있다. 그중 상시로 필요한 자금 활용은 사업 시작부터 끝까지 가장 중요한 사항이다.

코로나19 팬데믹에 접어들면서 직원의 퇴사가 늘어난 기업은 퇴직금이 부담이었다. 퇴직금은 근로자 퇴직 후 2주 이내 지급 완료되어야 했다. 처음 2,000만 원은 법인 통장 잔고로 처리했지만 이후 퇴사자가 늘어났고 5,000만 원, 8,000만 원으로 금액이 커지면서 문제가 시작되었다. 9년 차 법인사업자의 자구책은 결국 보험이었다. 근로자단체보험은 가입한 지 8년이 넘었고, 대표 본인의 퇴직금으로 준비해둔 보험도 5년이 지났다. 2건 모두 해지환급률이 각각 70%, 80%로 높은 편이었다. 보험료 2건은 모두 법인통장에서 지출되고 있었다. 게다가 근로자단체보험에서 보험금 수령도 제법 있었기 때문에 해지하더라도 손해는 아니었다. 보험을 가입해두지 않았다면 어땠을까? 대표의 개인자금이라도 융통해야 했을 것이다.

법인을 운영하는 대표는 개인적으로 자금을 활용하기가 쉽지 않다. 하지만 회사 경영에 문제가 생기면 대표의 개인자금까지 투입되어야 한다. 대표도 급여를 받는 임직원이다. 회사의 긴급자금을 경영자 개인이 감당하는 것은 형평성에 맞지 않는 일이다.

위 사례를 반대로 생각해보자. 매출이 늘어나고, 근로자 채용이 급증하면서 시설투자와 상품개발비 등 성장에 필요한 투자자금이 필요할 수 있다. 사업을 확장해야 대표 이하 근로자 모두에게 좋은 일이다. 성과급도 지급할 수 있고, 급여 상승, 연봉 협상에도 영향을 미친다. 대외적인 기업의 신용평가에도 매출과 이익이 중요하다. 전략적으로 능력 있는 인재를 스카우트하는 것도 투자이다.

이렇듯 여러 이유로 회사는 상시적으로 활용할 수 있는 유동성 자금 확보가 중요하다. 그런데 보험만큼 쉽게 자금을 활용할 만한 방법도 없다. 거기다 보험은 보장과 적립을 동시에 고려할 수도 있다. 특히 법인사업자의 보험상품은 비용 처리가 되는 경우가 많아 잘 활용하면 세금 혜택까지 챙긴다.

매출이 상승하는 기업도 보험 활용도가 높다. 당기순이익이 너무 많이 발생해도 기업의 주식가치가 높아지고, 법인세 부담으로 이어질 수 있다. 대표와 근로자의 퇴직금, 직원의 안전과 연관된 단체보험, 화재보험 등으로 납입된다면 법인 입장에서도 지출관리가 수월해진다. 한마디로 일거양득이다.

자금이 필요할 때도, 초과분을 활용할 때도 보험을 활용할 수 있다. 현장에서 법인대표들을 만났을 때 가장 안타까운 부분 중 하나는 보험에 대한 인식이다. 보험을 활용하는 방법이나 중요성을 이해하지 못하는 것이다. 보험의 여러 성격 중 하나가 자금 유동성임을 기억해둘 필요가 있다.

2장

법인사업자에게
필요한 보험 리스트

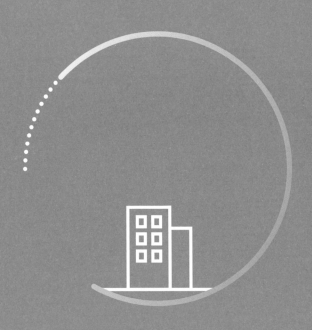

법인대표
가이드라인

법인의 생애주기를 기억하자

지금까지 법인기업 대표와 근로자, 사업장에 필요한 보험에 대해 설명했다면, 이제는 무엇을 어떻게 하면 되는지를 고민해보자.

공장에 불이 났다면 모든 물건이 소멸되기 때문에 화재보험이 필요하다거나 대표와 근로자의 퇴직금을 보험으로 활용해보자고 하면 대부분 그중 하나만 해결하려고 한다. 그런데 중요한 사실은 '기업의 생애주기'를 잊지 말아야 한다는 것이다.

법인을 처음 시작하면 '정관'을 만든다. 모든 회사 및 법인의 설립에서 가장 기본이면서도 중요한 요소이다. 기본 규칙을 문서로 정해두는 절차이다. 그런데 막연히 대표의 퇴직금을 목적으로 보험 가입을 했다고 가정해보자. 언제 퇴직할지 모른다고 해서 정관에 퇴직금 명시를 해두지 않으면 어떤 일이 생길까?

보통 대표이사와 임원은 퇴직급여를 일정 수준보다 높게 책정하기 때문에 이를 막기 위해 세법에서는 대표이사 및 임원의 퇴직금 한도를 규정하고 있다. 그런데 이런 지급 기준을 정관에 규정하지 않았다면, 퇴직금 과다 지급 문제로 세금 폭탄을 맞을 수 있다. 이런 사실을 급하게 처리하고자 퇴직에 임박해서 갑작스럽게 정관을 변경하면 뜻하지 않는 세무당국의 지적을 받을 수 있다. 보험으로 퇴직금을 준비하면 된다고 단순하게 생각했는데, 꼼꼼하게 챙기지 못한다면 문젯거리가 될 수 있다.

기업을 운영하다 보면 보험이 생각보다 많이 필요하다. 문제가 생겼을 때 한 가지만 고민하기보다는 기초서류를 먼저 점검하면서 지금의 단계에 적절한지를 생각해야 한다. 개인보험도 막연히 암보험 하나만 필요하다고 생각하고 그것만 가입하기보다 보험 전체를 개인의 라이프사이클과 연결해야 한다. 그런 이유로 전문가에게 도움을 요청하는 것이다. 법인보험도 마찬가지다.

요즘은 보험설계사의 영역이 법인 컨설팅을 담당하는 영역까지 넓어졌다. 노무사, 세무사, 변리사, 변호사 등 전문가들의 업무도 협업과 협력을 통해 더 좋은 시너지를 낸다. 혼자 모든 걸 할 수 있는 시대는 지났다. 잘하는 사람끼리 모여서 고객만족 이상을 넘어선 결과를 도출해낸다. 그렇게 기업이 문을 닫는 날까지, 혹은 가업승계 이후까지 함께 손을 잡는 관계로 이어진다.

'창업기 → 성장기 → 성숙기 → 재도약 또는 정리' 단계의 라이프사이클로 기업을 정리해보면 기초부터 마무리까지 회사의 이슈를 확인할 수 있다. 주먹구구식으로 사업이 운영되면 분명 꽈배기처럼 꼬인 실타래를 풀 수 없는 시기를 맞이할 수 있다.

사업을 시작할 때 필요한 0순위 보험으로는 사무실, 공장, 창고 등에 따른 화재보험이 있다. 근로자가 입사하면 4대보험은 의무로 가입해야 하듯이, 안전에 따른 단체보험도 필수 사항이다. 특히 2022년 1월 27일부터 시행된 「중대재해처벌법」은 근로자가 1인 이상 사망 또는 동일한 사고로 6개월 이상의 치료가 필요한 부상자가 2명 이상 생길 경우 사업주나 경영책임자는 최소 1년 이상의 징역 또는 10억 원 이하의 벌금(사망재해), 7년 이하의 징역 또는 1억 원 이하의 벌금(비사망재해)으로 처벌 수준이 강화되었다.

"우리는 6명이 가족처럼 일해서 상관없어." "몇 명 되지도 않는데 무슨 상관이야." "직원이 50명이 넘어도 지금까지 그런 문제는 단 한 번도 없었어." 이렇게 말하는 대표도 있다. 단 한 명이 근무해도 사고는 순식간에 일어날 수 있다. 아무리 가족처럼 생각했어도 한번 마음이 틀어지면 소송을 불사할 수도 있다. 노무 문제는 직원이 퇴사한 후에 일어나는 경우가 많다. 그렇다면 근로자의 인원수가 중요한 것일까? 5인 이상, 10인 이상, 50인 이상 근로자 수에 따른 취업규칙이나 정비, 규제 강화는 다를 수 있다. 직원이 늘어날수록 더 강화될 뿐이다. 결국 대표 이외의 단 한 명이라도 직원이 있다면 급여를 지급해야 하는 것과 같은 이치다.

사업을 하다 보면 대표는 이런저런 주변의 얘기들을 많이 듣게 된다. 동종업계 대표들, 거래처, 직원 등 많은 사람들의 이야기에 귀를 기울인다. 하지만 객관적인 시선과 생각이 중요하다. 저마다 출자금이 다르고, 업태, 영업 환경, 품목 등이 다르다. 외부에서 들려오는 말들은 다른 기업의 얘기일 뿐이니 그저 참고만 하면 된다.

정보를 취득하는 방법은 오히려 전문가들과의 상담에서 얻을 수 있다. 적어도 그들은 기업의 문제를 해결하기 위한 솔루션을 다각도로 제안한다. 그런 정보들 중에서 기업에 도움이 되는 방법을 선택하면 된다.

법인보험 가입 시 팁

"오늘 중으로 단체보험 가입 좀 해주세요!" 어느 날 C대표의 전화를 받았다. 친구가 운영하는 사업현장에서 사고로 근로자가 사망했다는 이야기를 듣고는 갑자기 단체보험을 가입하겠다는 것이었다. 단체보험을 가입하기 위해서는 직원들의 명부가 필요하다. 최소 사업자등록증과 4대보험 명부는 제출해야 한다. 4대보험 명부에는 직원들의 주민번호가 대부분 앞자리만 적혀 있고 뒷자리는 별표로 표시된다. 이런 경우 정확한 보험료 산출이 어렵기 때문에 주민번호 전체가 표시된 자료를 처음부터 제공하면 보험회사는 빠르게 처리할 수 있다. 일반적인 법인의 단체보험 설계 기간은 보통 2~3일이 소요되는 경우가 많다. 더불어 직원을 대상으로 하는 보험은 1인당 연간 70만 원까지 손비 처리가 가능하다는 점도 알아둘 필요가 있다.

법인보험은 대상이 직원 또는 대표나 임원인 경우이다. 공통적인 기초서류는 사업자등록증과 주주명부, 등기부등본, 재무제표, 4대보험 명부 등이다. 특히 외국인을 채용한 기업이라면 체류 자격에 따른 코드가 중요하다. F2(거주), F5(영주), F6(결혼이민)은 내국인과 똑같이 보험 가입을 할 수 있다. 하지만 기타 또는 관광 취업 코드인 경우 보험 가입이 어렵다. 가입이 어려운 직원은 일용직으로 가능한 보험을 알아본다.

법인보험 가입 시 계약자 법인, 피보험자 대표, 수익자 법인으로 계약하는 경우가 많다. 이때 대표의 개인보험도 함께 점검해보는 것이 좋다. 예를 들어 경영인정기보험은 피보험자를 대표로 가입하는데, 보장 내용은 사망보험금이다. 계약자와 수익자는 법인이다. 그런데 대표 개인이 별도로 가입해둔 사망보험금이 많다면 피보험자 기준으로 사망보험금 한도를 제한한다. 업계 한도를 초과하는 경우라면 조정해야 한다. 이 경우 대표의 개인보험까지 함께 분석하는 것이 의외로 중요하다. 처음부터 이런 내용들을 파악하면 불필요한 에너지나 시간 소모 없이 수월하게 처리할 수 있다.

법인보험은 솔루션 개념으로 사용되는 경우가 많다. 단체보험을 환급형으로 계약하는 이유가 그 때문이다. 근로자의 사고, 유족 보상금까지 준비할 목적으로 가입한다. 하지만 갑자기 근로자들이 연이어 퇴사한다면, 대표는 지급해야 할 퇴직금 액수가 부담스럽다. 그 경우 단체보험 해지환급금으로 대체할 수 있다. 이후 단체보험은 또다시 가입하면 되기 때문이다.

개인보험과 마찬가지로 법인보험도 목적이나 활용도에 따라 나눌 수 있다. 다만 법인보험은 앞의 예시처럼 조금 더 짧은 기간으로 설정되어 활용될 여지가 더 많다. 개인, 법인, 피보험자 등 주체를 떠나서 개개인의 총체적인 보장 내용을 토대로 계획을 세워야 효율적이고 합리적인 보험을 만들 수 있다.

단체보험
(기업복지보장보험)

2022년 1월 27일, 「중대재해처벌법」이 시작되다

근로자의 안전을 지키는 보험의 대명사가 바로 단체보험이다. 단체실손, 상해, 건강, 사망 등의 종류가 있다. 근로자를 위한 보험은 결국 기업을 지키는 보험이기도 하다.

2022년 1월 27일부터 적용된 「중대재해처벌법」에서도 사망자 1명 이상, 동일한 사고로 6개월 이상 치료가 필요한 부상자 2명 이상 생기면 사업주 또는 경영책임자는 최소 1년 이상의 징역 또는 10억 원 이하의 벌금, 그 외의 경우는 7년 이하의 징역 또는 1억 원 이하의 벌금에 처해진다.

단체보험은 개인보험과는 다르게 소속원 전원이 일괄적인 한 건의 계약에 포함된다. 피보험자인 근로자의 건강과 관련된 소소한 보장 내용보다는 사망, 후유장애에 맞춘 설계가 대부분이다. 1년에 평균 11만 명이 산재사고로 희생된다. 민사소송까지 이어진다면 경영자는 심적인 부담 외에 금전적 압박을 겪는다. 이런 문제들을 해결하기 위해 기업단체보험이 중요하다.

근로자를 1인 이상 채용한 기업이라면 고용보험과 산재보험에 의무적으로 가입해야 한다. 하지만 산재보험은 업무상 재해만 인정된다. 그에 비해 단체보험은 각종 재해사고라는 약관의 해석 때문에 시간과 장소에 대한 제약이 없다. 말 그대로 출퇴근길 사고도 보상받을 수 있다. 회식이 끝나고 집으로 돌아가는 길에 일어난 사고도 보상이 가능하다. 물론 상황에 따른 입증 확인이 필요하다.

단체보험은 정액으로 보상이 가능하기 때문에 재해사망 시 3억원 이상의 가입금액 설정이 중요하다. 왜냐하면 근로자가 산재사고로 인정받는다고 하더라도 유족이 법적으로 대응할 수 있는 민사소송배상 책임에 따른 계산식을 참고하면 연령과 성별에 따른 차이가 있긴 하지만 대부분 3억 원 이상의 배상비용이 발생하기 때문이다. 단체보험에 이미 가입되어 있다고 자신 있게 말하는 대표도 있다. 하지만 증권을 보면 재해사망 시 1인당 5,000만 원, 1억 원으로 적게 설정된 경우가 많다. 단체보험은 특히 가입금액이 중요하다.

단체보험은 대부분 10년 납 10년 만기로 계약한다. 소멸성의 저렴한 보험료를 선택하는 경우도 있지만, 직원의 퇴직금 용도로 활용하려는 기업이 많다. 이런 이유로 70%, 80% 환급형으로 가입하는 경우도 흔하다.

A기업에 다니던 49세 남성 근로자는 제조 현장에서 사망했다. 기계 오작동으로 인한 사고였다. 업무 중 사망사고라 산재 처리를 받을 수 있다. 기업이 미리 가입해둔 단체보험의 재해사망보험금 은 2건으로 각각 2억 원씩 총 4억 원을 받을 수 있었다. 산재로 인 정된 금액은 약 1억 원이었는데, 직원을 아끼는 대표의 마음을 담 아 유족에게 위로금으로 1억 원을 더 지급했다.

위 사례에서 몇 가지 상황을 알아볼 수 있다.

첫째, 유족은 산재보험금과 대표의 위로금으로 총 2억 원을 수 령했다. 그런데 주변에서 민사소송을 할 수 있다고 전해 들었다. 소송은 긴 시간이 걸린다. 생각지도 못했던 대표의 위로금을 받은 유족은 오히려 소송하지 않을 수도 있다.

둘째, 위로금이 부족하다고 느낀 유족이 민사소송을 진행한다 하더라도 대표는 보험금으로 받은 4억 원으로 충분히 감당할 수 있다.

셋째, 「중대재해처벌법」의 취지는 근로자를 보호하기 위함이 다. 「중대재해처벌법」의 안전·보건 확보 의무를 단체보험으로 준 비하는 이유는, 재해 예방과 예산 등 안전보건관리체계 구축·이행 에 관한 조치와 안전·보건 관계 법령에 따른 의무 이행에 필요한 관리상 조치라는 문구가 중요하기 때문이다. 사진적 조치를 얼마 나 이행했는지가 바로 핵심이다. 즉, 근로자의 안전을 위해 최소한 의 방어를 얼마만큼 실행하고 있는지가 중요하다. 근로자를 위한 필수 보험을 미리 가입해둔 기업의 입장을 어느 정도 참작해줄 수 있다는 얘기다. 기업이 위반행위를 방지하기 위해 해당 업무에 관해 상당한 주의와 감독을 게을리하지 아니한 경우는 벌금을 부과하지 않는다는 규정이 기업에게는 탈출구가 된다. 단체보험 가입 금액이 충분하다면 「중대재해처벌법」에 해당하는 상황이라도 도움받을 수 있다는 말이다.

단체보험은 근로자에게 실손보험만큼이나 중요하다. 그렇기에 경영자가 꼭 가입해야 하는 필수 보험이다. 참고로 단체보험은 제대로 관리해줄 설계사가 꼭 필요하다. 근로자의 입사·퇴사 때마다 교체 작업을 신속하게 도와주어야 하기 때문이다. 이런 이유로 혼자서 활동하는 설계사보다는 팀을 꾸리거나 개인총무를 고용한 보험설계사가 더 유리하다.

사망 후를 대비하는
종신보험

대표의 사망은 공과 사 모두에게 큰일

종신보험은 평생 사망을 준비하는 보험이다. 그래서 일반적인 보험처럼 만기가 100세, 90세, 80세가 아니다. 언젠가는 사망하지만 그 시기를 모르기 때문에 만기를 정할 수 없는 상품이다. 단 한 번의 보험료를 납입하고 사망해도 가입금액이 1억 원이면 1억 원을 유족에게 지급한다. 그렇기 때문에 보험료도 높은 편이다.

법인사업자 대표의 종신보험은 낯설지 않다. 개인적으로는 한 집안의 가장이지만, 공적으로는 회사를 이끄는 수십 수백 명, 많게는 수만 명의 보호자인 셈이다. 기업은 대표가 이끄는 방향에 따라 흥하기도 하고 망하기도 한다. 지난 2년간 코로나19를 맞이하고 유지하는 것만도 힘든 시국을 버텨온 기업의 대표들은 실로 대단히 존경스럽다.

이런 막중한 역할을 맡은 대표가 어느 날 사망하게 된다면 기업과 가정은 어떻게 될까? 대표의 공석은 대외적으로도 불리하다. 금융권의 대출 제한, 거래처와의 신뢰도 및 매출 하락, 직원들의 사기 저하 등 여러 요소에 영향을 미친다. 실제로 은행권에 대출을 진행 중이던 B기업의 대표가 심근경색으로 사망하자 대출이 취소되었다. 기업의 재무제표도 영향을 미치지만, 대표의 신용등급과 기업의 역량과 등급도 중요하기 때문이다.

투자자와의 미팅 후 긍정적인 결과를 기대하던 A기업의 대표 역시 갑작스런 사고로 사망한 후 투자 건이 취소되었다. 이런 이유로 법인대표는 사망 후 남게 될 기업과 가족을 위해 종신보험을 가입한다. 남겨둔 기업을 자녀가 승계받는 과정에서도, 개인적인 자산을 물려받을 가족을 위해서도 상속세를 피할 방법은 없기 때문이다.

A생명연구소 자료에 의하면 향후 자녀에게 상속할 의향이 있는 자산가는 약 64%에 달한다. 특히 상속의 규모가 클수록 절세에 대한 관심이 높을 수밖에 없다. 그런데 10명 중 8명은 상속을 전혀 대비하지 않는다는 것이다. 우리나라 상속세율은 OECD 국가 중 2위를 차지할 정도로 높은데도 말이다. 여기서 주목할 점은 '자산가'는 대부분 사업체를 경영하는 법인대표라는 것이다. 부모로부터 물려받은 기업, 자수성가해서 이룬 기업을 대물림하려는 대표의 비율은 여전히 높다.

국세청도 상속세 납부 방법 중 하나로 종신보험을 활용하는 문구를 소개하고 있다. '국세청 세금 절약 가이드 2016'을 참고해보자.

최근 용인의 한 기업 대표가 상담 후 법인 명의로 종신보험을 계약했다. 기업의 리스크 관리와 상속세 납부를 위한 재원을 마련하기 위해서였다. "항상 고민했지만 지금 시작하지 않으면 평생 준비하지 못할 것 같다"는 대표의 말에 공감되었다.

백년 기업의 밑거름이 되는 요건 중 가장 중요한 것이 대표라고 생각한다. 개인이지만 혼자가 아니다. 법인대표는 경영 전반에 영향을 끼치는 존재이므로 가치가 높다. 종신보험은 그런 대표를 보호하기 위한 상품이다.

대표·임원 전용 상품,
경영인정기보험

선물 같은 보험

대표 또는 임원만이 가입할 수 있는 사망보험금 전용 상품이 바로 경영인정기보험이다. 개인보험으로 보면 가장이 남겨질 가족을 위해 종신보험이나 정기보험을 가입하는 것과 같다. 경영인정기보험 역시 대표 본인과 가족, 회사를 지키는 보험이다. 즉, 법인의 보장자산 역할을 한다. 기업의 경영자가 사망했을 때 기업과 유가족에게 발생할 수 있는 위험을 해결하는 자산 역할을 하기 때문이다.

경영인정기보험은 첫째, 대표의 퇴직금을 목적으로 준비하는 경우가 많다. 언제 퇴직할지는 모른다. 대표들에게 퇴직금으로 얼마를 원하냐고 물어보면 대부분 10억, 20억 원은 받아야 하지 않겠

냐고 말한다. 경영인정기보험의 보험료는 얼마를 받을지에 따라 결정된다. 물론 대략적으로 얼마나 더 경영할 것이냐 하는 기간도 참고한다. 퇴직금 재원 마련 용도이면서도 보장 내용은 사망보험금으로 가입한다. 질병이나 갑작스런 사고로 인해 대표가 사망했다면 유족이 보험금을 수령한다.

둘째, 경영권 방어를 위한 수단으로 도움이 된다. 기업가치가 창업 때보다 상승했을 때 문제가 발생된다. 처음 시작할 때 주가는 5,000원도 되지 않았다. 그런데 대표의 사망 시점에는 주가가 1주당 5만 원이 넘는다면 어떻게 될까? 아무리 유족이라도 경영권을 승계받기 위해서는 결국 돈이 필요하다. 그럴 때 대표가 남긴 사망보험금은 경영권 방어를 위한 수단이 된다.

마지막으로 경영인정기보험료를 비용 처리할 수 있다. 국세청 예규에도 판례가 나와 있기 때문에 법적으로 문제없다. 이런 이유로 경영인정기보험은 90세 납입 90세 만기, 즉 전기납 조건으로 가입해야 한다. 만기환급금이 없는 순수보장형 상품, 언제 퇴직할지 시기가 정해져 있는 않은 경우 전액 손금(비용 처리) 가능하다는 것이 국세청의 입장이다. 90세까지 계속 납입해야 하느냐는 질문을 많이 한다. 결론적으로는 맞다. 90세 만기에 돌려받을 환급금은 없지만 퇴직을 고려하는 시기에 맞춰 해지하면 해지환급금이 발생한다. 이 점을 이용해 해지환급률이 높을 때 활용하기도 한다.

대표의 퇴직 시점에 해지, 법인세를 절감하기 위한 비용 처리 기간, 유족과 기업을 이어나가는 것, 중요한 3가지 역할을 해주는 선물 같은 보험이다.

대표는 곧 기업이다

2020년 45세의 B대표 사업은 코로나19 이후 오히려 호황을 맞이했다. 밀키트 사업이 대박 난 것이다. 비대면 주문과 배달이 점차 많아지면서 대형 거래처와의 계약도 늘었다. 몸이 몇 개라도 모자랄 정도로 바쁘고 어느새 매출은 40세에 법인을 시작했을 때보다 무려 10배 이상 성장했다. 그렇게 2년째 성장 가도를 달리는 사이 처음 시작할 때는 주당 1만 원에 불과했던 주식이 20만 원으로 올라 있었다. 총 주식 수는 5만 주였다.

어느 날 대표는 과로로 쓰러졌고 응급실로 이송된 후 7일간 중환자실에서 치료를 받다가 폐렴으로 사망했다. 배우자와 초등학생, 중학생 두 딸을 둔 B대표의 유족은 기업을 인수할 수 있을까? 전업주부였던 배우자는 경영을 할 수 있을까? 얼마의 돈으로 남편의 회사를 승계받을 수 있을까?

이 기업의 시가총액은 '총 주식 수 5만 주 × 주당 20만 원 = 100억 원'이다. B대표 앞으로 부동산과 현금자산이 없다고 하자. 유족이 기업을 인수하려면 평가된 주식가치를 상속받아야 한다. 상속세가 30억 원 이상일 경우는 50% 세율이 적용된다. 100억 원의 50%는 50억 원이다. 현금으로 50억 원이 있어야 남편의 회사를 인수받고 경영권을 유지할 수 있다. 하지만 그런 돈을 갖고 있는 사람들은 많지 않다. 이때 경영인정기보험을 가입했다면 유족은 사망보험금으로 회사를 인수할 수 있을 것이다.

경영인정기보험을 가입할 때 사망보험금과 보험료 기준은 기업의 주식가치로 계산한다. 각 기업의 1주당 가치와 총 주식 수가 다르기 때문에 평가 방식을 통해 보험료 규모를 정할 수 있다.

유족이 승계하지 못하거나 임원이 경영할 수 없다면 기업은 소멸될 수도 있다. 대표 또는 임원의 퇴직금, 비용 처리, 유족과 기업을 지키는 사망보험금 등 여러 가지 솔루션으로 활용되는 경영인정기보험은 기업에 중요한 보험이다.

노사 간의 신뢰를 돕는
산재보험

경영의 기초가 되는 보험

산재보험은 「산업재해보상보호법」에 의거해 근로자의 업무상 재해를 신속하고 공정하게 보상해주기 위해 사업주로부터 보험료를 징수하는 강제 가입 방식의 사회보험이다. 근로자를 채용하는 모든 사업자 또는 사업장에 적용된다.

우리나라는 1963년 「산업재해보상보호법」이 제정되면서 「근로기준법」의 적용을 받는다. 근로자가 산재보상을 청구하기 위해서는 그 재해가 업무상 발생된 것이어야 한다. 업무수행성과 업무기인성을 판단하는 기준으로 고용노동부 예규로 업무상 재해인정 기준이 1983년부터 시행되고 있다.

산재보험은 요양급여, 휴업급여, 장해급여, 간병급여, 유족급여, 상병보상연금, 장의비, 직업재활급여 총 8가지로 구성되어 있으며 다음과 같은 특징이 있다.

첫째, 과실 유무가 불확실하더라도 가해 사실이 있다면 책임지는 무과실책임주의가 원칙이다.

둘째, 재원이 되는 보험료는 사업주가 전액 부담한다.

셋째, 평균임금을 기초로 하는 정률보상 방식으로 적용된다.

넷째, 자진신고 및 자진납부를 원칙으로 한다.

다섯째, 이의 신청을 신속히 처리하기 위해 심사 및 재심사 청구제도를 운영한다.

여섯째, 다른 사회보험과 달리 사업장 중심으로 관리가 이루어진다.

산재보험은 재해근로자의 재활 및 사회 복귀를 촉진하기 위해 제정된 보험이다. 재해 예방과 근로자의 복지 증진과 보호를 목적으로 만들어진 것이다. 경영자는 8가지 구성에 기초가 되는 보험급여 산정을 알아두어야 한다. 사고 이후 신속한 처리는 근로자에게도 도움이 되지만 기업으로서도 모범을 보여주는 것이다.

단순 산재사고로 인해 처리만 해주면 된다고 하기에는 근로자를 보호하는 구성의 범위가 생각보다 넓은 편이다. 예를 들어 심뇌혈관계 질환으로 업무상 산재를 인정받는다면 '고용노동부 고시'에 명시된 지침에 따라 업무 시간을 주요 지표로 두고 판단한다.

질병의 발병 전 주 평균 업무 시간이 중요한 것이다. 그 밖에 휴일 업무를 하는 경우, 높은 곳에서의 작업, 정신적인 스트레스와 긴장감에 대한 세세한 부분까지 근로자 입장에서 해석될 확률이 높다.

산재보험으로 처리된 이후에는 보험요율이 많이 상승하므로 평소 기업에서 발생할 수 있는 작업의 위험 요인이 무엇인지를 확인하고, 안전수칙을 지켜야 한다. 기계의 전원을 켜면 사용 후 반드시 끈다. 청소나 수리는 미루지 말고 주기적으로 실행한다. 안전모, 안전화 등의 보호장구를 꼭 착용한다. 비상구의 위치를 반드시 확인한다. 구급상자와 소화기의 위치를 파악해둔다. 기업은 이런 기본적인 규칙을 근로자가 잘 인지할 수 있도록 해야 한다.

경영자에게 가장 기초가 되는 보험을 당연하게 받아들이지 않을 경우 피해는 고스란히 대표의 몫이 된다. 근로자를 우선시하는 것이 결국 사업장과 대표를 지키는 일이다. 자동차보험을 의무로 가입해야 운전할 수 있는 것과 같다.

산재보험을 가입해야 한다는 사실은 누구나 알고 있다. 여기에 더해 산재보험의 구성과 관련 절차까지 미리 숙지해둔다면, 추후 근로자에게 사고가 생길 경우 신속하게 대처할 수 있다. 사고에 따른 수습을 원활하게 할수록 근로자와 사업주 간의 분쟁 소지가 그만큼 줄어들기 마련이다. 노사 관계는 신뢰가 바탕이 되어야 한다. 근로자에게 문제가 생겼을 때 사측의 처리 방안 중 가장 기초가 되는 산재보험은 의무에 속한다.

예측 불가에 대비하는
화재보험

너도나도 필요한 보험

화재는 범위를 예측할 수 없고 진압하기가 힘들기 때문에 피해액이 일반적인 사고보다 훨씬 클 수 있다. 발생 원인은 실화와 방화로 나뉜다. 사람의 부주의나 실수로 발생하는 실화는 고의성이 없는 화재를 말한다. 반면 사람이 고의로 불을 질러 화재를 일으키는 것은 방화이다.

2021년 소방청 자료에 따르면 겨울과 봄철 화재사고는 1년간 총 화재 피해 중 55.1%를 차지할 만큼 높다. 각종 난방기구 사용이 증가하면서 발생률도 매년 증가하는 추세이다.

화재도 골든타임이 존재한다. 초반 3분이 중요하므로 소화기를 눈에 잘 띄는 곳에 배치해야 한다. 아파트나 가정에서는 비치된 소화기 한 통으로도 진압이 가능한 화재가 많다. 하지만 일반 화재가 아닌 주유소 화재나 가정에서도 식용유나 주방 후드의 찌든 기름 때로 인한 유류 화재에는 물을 사용하면 안 된다. 튀김 요리를 할 때 물이 조금만 들어가도 튀어오르는 것과 같다. 누전이나 합선 등으로 발생하는 전기화재도 물을 사용해서는 안 된다. 전기가 흐르면서 오히려 화재가 더 커질 수 있다. 이런 경우는 오히려 전기 공급을 빠르게 차단해야 한다.

보통은 1만 원 정도의 보험료로 주택화재보험을 가입할 수 있다. 하지만 법인사업자들은 대부분 공장이나 현장에 대한 화재보험이 필요하기 때문에 건물급수 산정에 따라 보험료가 모두 다르게 적용된다. 건물급수 4급은 보장성 위험보험료만 10만 원이 넘는 경우도 흔하다.

화재보험의 기본적인 원칙 중 하나는 '열급적용'이다. 같은 건물이라도 사무실 용도, 금속가공, 목재, 철근 등 가장 위험률이 높은 공장의 요율을 적용해서 보험을 가입해야 한다.

최근 방문한 업체는 2개 동으로 나누어져 있었다. 2층짜리 건물은 사무실과 재봉 업무를 하는 공간이었고, 다른 1층짜리 건물은 기계 설비를 갖춘 제조 현장이었다. 이 경우 두 건물 간의 거리를 계산해야 한다. 건물 간 이격 거리를 통해 화재보험은 동일한 요율을 적용할 수도 있고, 각각 별도 요율을 적용할 수도 있다. 이격 거리가 멀다면 별도로 가입하는 것이 유리하다. 하지만 이런 부분들을 잘 모르기 때문에 열급의 요율로 가입하는 경우가 많다.

보험적 접근으로 가장 무게감이 높은 사고가 화재라고 할 수 있다. 예측할 수 없는 범위, 추정 불가능한 재산 손실, 화재를 진압할 수 있는 시간마저 알 수 없기 때문이다. 단시간에 빠르게 번질 수 있는 특징으로 인해 소멸 후 보상 문제는 가입 시 꼼꼼히 확인할 필요가 있다. 특히 공장화재보험을 가입하기 위해서는 건물 내외부 사진, 천막의 유무, 공정 과정 사진도 첨부해야 한다. 원재료는 무엇이고, 만드는 과정은 어떻게 진행되는지, 완성품까지 사진과 명칭을 보험사에 제공해야 한다. 철골조 건물인지, 패널 구조의 건물인지 여부는 특히 보험료를 측정하는 건물급수에 큰 영향을 미친다. 그래서 공장화재보험은 저렴한 보험료를 우선순위에 두면 안 된다. 설계사도 부담감을 크게 가져야 하는 보험이다.

화재보험에 가입되었다고 믿고 있다가 전손실을 당한 뒤 부담보 조건으로 80%가 보상이 안 된다는 내용을 알게 되었다면 현실은 낙담으로만 끝나지 않는다. 이런 경우는 대부분 보험 가입에 문제가 있는 것이다. 건물구조, 급수, 평수, 동산의 여부, 앞서 말했던 건물 내외부와 여러 확인 사항들을 제대로 고지하고 보험료가 산정되었다면 보상에서 누락될 일은 거의 없을 것이다.

그런데 부담보 조건은 무엇일까? 보상에서 제외되는 항목이 있다는 말이다. 특히 천막과 같이 화재로부터 너무 취약한 물건, 환경, 건물급수가 해당된다. 예를 들어 4급 건물에 옥외 컨테이너가 있는 경우도 보장되지 않는 부담보 조건에 해당한다.

모든 보험을 가입할 때는 제대로 인지하고 꼼꼼하게 살펴봐야 한다. 그중 손실 여부의 폭이나 범위가 가장 큰 것 중 하나가 화재보험이다. 화재로 인해 금전적인 손해가 30억, 10억, 5억, 3억 원에 이를 수도 있다. 제대로 보상받기 위해서라도 가입 절차는 어떤 보험보다 더 정확해야 한다.

화재보험은 대부분 5년 납기 5년 만기, 10년 납기 10년 만기로 가입한다. 「실화 책임에 관한 법률(실화법)」이 개정되면 보상 범위에 맞춰 해지 후 재가입해야 하는 경우도 생긴다. 내 건물이 중요하면 타인의 건물도 중요하다. 화재보험은 내 재산과 남의 재산 모두를 지킬 수 있다.

리스크를 막아주는
근재보험

책임보험

근재보험은 사업장에 고용된 근로자가 업무 중에 불의의 재해를 입었을 경우 고용주가 추가로 부담해야 하는 법률상의 손해를 보상하는 책임보험의 하나이다.

공사장에 고용된 근로자가 사고로 인해 사망이나 신체 상해를 입었을 경우 「근로기준법」 및 「산업재해보상보험법」에 따라 보상받을 수 있다. 그러나 근재보험을 가입하면 「산업재해보상보험법」에 따른 보상금액을 초과하는 손해배상책임에 대해 「민법」상의 손해와 소송 등의 법률적인 부분을 보상해주기 때문에 경영상의 리스크를 막는 개념이다.

주로 건설, 도로, 설비, 청소, 전기공사 등의 현장근무를 하는 근로자가 있는 경우는 꼭 가입해둘 필요가 있다. 특히 하도급, 하청 사업자는 계약 체결 시 근재보험 가입을 의무로 명시하기도 한다. 근재보험은 계약의 규모와 소재지에 따라 선택적으로 가입할 수 있다. 특정 현장을 지정해서 공사 계약 기간 동안 작업과 업무에 따른 손해를 보상하는 건별계약, 어떤 공사현장이든 공사 계약 기간에 발생하는 업무상 재해와 손해를 보상하는 연간계약으로 나눌 수 있다.

포괄계약(연간 단위)의 장점은 건별계약에 비해 업무 처리가 신속하고 간편하다는 것이다. 원청의 서류 요청 시 사본만 제출하면 된다. 공사 건별로 계약하는 것보다 높은 할인율을 적용받기 때문에 보험료도 저렴하다. 1년 단위로 가입하지만 보험기간 동안에는 어디서, 언제 사고가 발생하든 모두 보상이 가능하다.

공사장별 건별계약은 매 공사마다 가입해야 하기 때문에 관리 비용이 증가한다. 보험 가입이 누락될 경우 보상이 안 된다는 단점도 있다. 하지만 포괄계약에 비해 일시적인 자금 부담은 적을 수 있다. 계약 조건에 따라 필요 서류 역시 차이는 있지만 사업자등록증, 공사(제조)원가명세서, 손익계산서, 도급계약서 등이 필요하다.

근재보험의 종류는 국내근재, 선원근재, 해외근재로 나눠진다. 국내근재보험은 산재보험이 가입되어 있는 경우에만 가입 가능하며 주로 공사장별 가입 시 공사 기간이나 업체 근로자 전원에 대하여 가입하기 때문에 계약 기간은 통상 1년이 가장 많다. 보험료 납입은 일시납을 원칙으로 하지만 분할납입도 가능하다.

최근 손해보험업계는 건설현장 근로자의 재해보장 책임보험 의무화를 추진하겠다고 밝혔다. 각 업종의 특성을 반영하는 것은 사회적으로도 좋은 환경이 마련될 수 있는 긍정적인 신호라고 생각된다. 친환경, 전기차 등 앞으로 발생할 수 있는 위험을 보상하는 보험상품이 마련될 것이다. 공사장과 현장 근로자의 위험을 책임질 수 있는 근재보험의 의무화도 그중 하나다.

북큐레이션 • 경제적 자유를 누리고 싶은 이들을 위한 라온북의 책

《완벽한 보험》과 함께 읽으면 좋은 책. 인생에서 맞닥뜨리는 경제적 리스크를 미리 준비하고 관리
하면 삶의 질이 더욱 높아집니다.

전문가가
알려주는 똑똑한
보험 설계법

당신의 보험을 바로잡아드립니다

최성진 지음 | 13,800원

**실비보험부터 암보험, 종신보험까지
당신이 꼭 알아야 할 보험에 대한 모든 것**

RPA는 과거의 사무 업무를 최첨단 사무 업무로 혁신시킬 수 있다는 점에서 많은
주목을 받고 있다. 이 책은 RPA를 왜 도입해야 하는지, 업무에 어떤 변화들을
가져오는지에 대해 가장 명확하게 설명한다. 실제 사례를 통해 RPA가 어떤 효
과를 가져오고 기업에서는 RPA를 어떻게 도입해야 하는지 그리고 도입한 이후
에는 어떻게 운영 관리를 해야 더 획기적으로 사용할 수 있는지를 명확하게 설명
한다. 또한 가장 실용도가 높은 RPA 프로그램인 '유아이패스', '에이웍스', '파워
오토메이트'의 특장점과 이를 따라 해볼 수 있는 구체적인 사용법도 담았다.

법인의 구조 속에
숨겨진 이익 찾기

우리 회사, 살아남을 수 있나요?

김종호 지음 | 16,000원

**리스크, 관리만 잘하면 '이익'이 된다!
법인의 모든 질병을 진단하고 치료하는 리스크 닥터**

이 책은 900명에 가까운 중소기업 오너를 상담해온 '리스크 닥터'의 법인 리스
크 해결법을 담았다. 법인 시작부터 출구까지 생길 수 있는 리스크와 법인을 구
성하는 법인 제도, 주주, 임원에서 발생할 수 있는 리스크를 한눈에 알기 쉽게
정리했다. 또한 '리스크 셀프 체크표'를 수록해, 우리 기업이 지금 어느 부분에
서 리스크가 발생할 수 있는지 자가 진단할 수 있도록 도왔다. 이제 더 이상 리
스크를 두려워하지 말자. 이 책은 당신의 기업이 장기적으로 발전할 수 있도록
곳곳에 숨어있는 리스크들을 찾아 하나하나 이익으로 바꿔줄 것이다.

자산 관리 마스터가
알려주는 돈 공부

어른들을 위한 돈 과외

안성민 지음 | 18,000원

**매일 카드 결제 문자가 날라오지만
돈 관리는 못하고 있다면?**

수입계좌와 지출계좌를 분리한 후 차근차근 내 현금의 흐름을 파악한다면, '이번 달에 들어온 돈을 다음 달에 쓸 수 있는' 엄청난 기적 같은 일이 일어날 수 있다! 게다가 물가가 상승해도 일을 그만둬도 돈 걱정 없이 잘 먹고 잘살 수 있다. 나이가 들어도 막상 모아둔 것이 너무 없어 통장을 보기가 두려운가? 주변 지인의 부탁으로 어쩔 수 없이 필요하지 않은 보험을 들었는가? 줄줄 새는 내 통장을 가지고 자산 관리 마스터에게 과외를 받는다면 돈의 주인공으로 살아갈 수 있게 될 것이다!

부자가 되는
포트폴리오 공개

부자 교과서

김윤교 지음 | 19,000원

**이기는 게임에만 베팅하는
부자들의 성공 법칙**

이 책은 저자가 많은 부자를 만나오면서 그들이 가지고 있는 공통점들을 담았다. 이들이 어떻게 현명하게 돈을 관리하고, 투자할 때 어떤 방식을 사용하는지 노하우를 공개한다. 또한 지수, 달러, 채권을 이용한 분산투자와 장기투자 방법을 알려주고, 부자들이 사용하는 투자 포트폴리오를 공개하면서 일반인에게도 적용할 수 있도록 한다. 마지막으로 주식, 부동산, 펀드, 대체투자 등 다양한 투자처를 비교 분석해 담았다. 부자들의 확실한 투자 방법을 알고 싶다면 이 책을 정독하길 바란다.